손에 잡히는

손금
해독의 기술

손에 잡히는 **손금 해독의 기술**

초판발행일 / 2015년 10월 1일
지은이 / 山 樵 (산초)
옮긴이 / 이성천
펴낸이 / 김민철
펴낸곳 / 문원북

출판등록 / 1992년 12월5일 제4-197호
전화 / (02) 2634-9846
팩스 / (02) 2635-9846
이메일 / wellpine@hanmail.net
ISBN / 978-89-7461-206-2

손에 잡히는

손금
해독의 기술

지은이_ **산초(山樵)** | 옮긴이_ **이성천**(교수)

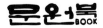

머리말

필자는 수상술手相術을 공부하기 위해 1만여 명의 손금을 보고, 고대 문헌을 탐독하는 과정에서 노魯나라(기원전 1046년 ~ 256년) 자료를 보다가 "산초山樵"라는 인물을 발견하였는데 재미있게도, 그 옛날에도 손금으로 인간의 길흉화복吉凶禍福을 판단하는 하는 것을 구체적으로 그림과 함께 설명을 더해 깜작 놀랐다.

그런데 더욱 놀라운 것은 현재의 수상술手相術과 크게 다르지 안는다는 거다.

십여 년에 걸쳐 古書고서 내용을 공부하고 정리하는 과정에서 십오한 내용에 대해 갈수록 감탄하게 되었다.

수상手相은 일종의 과학이다. 손금의 길이, 굵기, 방향 등을 조사하여 종합, 통계, 분석해 보면 그 결과는 수상술手相術은 '과학적 실증'이 라는 것을 알게 되었다.

또한 수상手相은 사람 마음의 재현이다. 이것은 나의 신조信條이다. 겉모습으로는 그 사람의 속마음을 알아챌 수 없지만 손금은 속마음을 그대로 보여준다.

그렇기 때문에 수상은 거짓이 없다는 것이다. 외모나 언변이 아무리 뛰어나더라도 그의 수상을 보기만 하면 진정한 내면의 세계를 훤히 꿰뚫어 볼 수 있다. 손금은 사람마다 다르다. 그러나 놀라운 것은 바로 그 정확성에 있다.

이외에도 손금은 한 사람의 운수, 성격, 애정 운, 혹은 결혼 운, 재산 운, 건강 운 등을 나타낸다. 특히 그 사람이 현재 겪고 있는 일이나 중대한 문제까지도 볼 수 있다.

또한 손금은 그 사람의 과거도 볼 수 있음과 동시에 매우 정확하게 미래도 예측해 낸다.

그러나 독자 여러분이 손금을 볼 때 반드시 준비할 것이 있다. 그 결과에 실망하지 말고 불길한 괘가 나왔다 하더라도 그것을 적극적의로 변화시키려는 노력을 해야 한다는 것이다.

수상은 행복을 촉진시키는 것이 목적이다.
그렇기 때문에 우리는 적극적으로 손금이 나타내는 모두를 그대로 받아들이고 변화시켜야 한다.

옮긴이 이성천

당신의 연애는 어떻게 펼쳐지는지?

결혼은 언제 하게 되는지?

횡재할 운수는 없는지?

건강은 어떨지?

당신이 궁금해 하는 이 모든 것의 해답이 손금 안에 있다.

당신이 몰두하고 있는 것이 무엇인지, 속 태우는 게 무엇인지

손금이 모두 알려준다.

자, 가벼운 마음으로 최신 수상술을 엮은 이 책을 읽어라.

이 책은 놀랍도록 정확하게 당신의 미래를 펼쳐 보일 것이다.

단 한 번뿐인 인생, 미리 대처하는 법을 알려준다.

CONTENTS

제3장

결혼운 · 53

제4장

재물운 · 77

제5장

성격 운 · 101

제6장

직업운 · 119

제7장

1장

손금 보기 전에
주의할 점

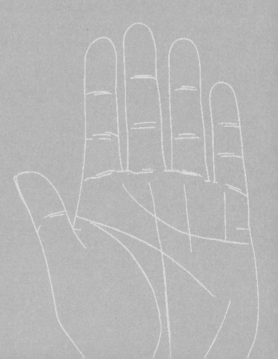

손금 볼 때
꼭 지켜야 할 예절

●

어떤 점(占)이든 반드시 지켜야 할 최소한의 예절이 있다. 수상(手相)에서 아래의 두 가지는 반드시 지켜야 한다.

1) 궁금해 하는 사람만 점을 봐줄 것

수상술을 좀 아는 사람들 중에는 남의 손을 억지로 끌어다 봐주는 사람이 있다. 그러나 수상은 절대로 억지로 해서는 안 된다.

어떤 사람은 점치기를 싫어하고, 또 다른 이가 접근하는 것을 싫어하는 사람도 있다. 만약 억지로 점을 봐준다면 불쾌해 할지도 모른다. 그렇기 때문에 스스로 손을 내밀고 봐줄 것을 원하는 사람만 점을 쳐주어야 한다.

2) 상대방이 꺼리는 말은 하지 말 것

어떤 수상가는 '병에 걸린다', '망한다' 등 흉조를 늘어놓기 좋아한다. 그 결과 상대방은 속이 상하고 몹시 불안해 한다. 설사 손금에 그런 징조가 보였다 할지라도 '연인을 따뜻하게 대해주면 어떻습니까?', '건강에 주의하는 게 좋겠습니다' 등 가벼운 충고 정도로 말하는 것이 좋다.

손금을 보는 것은 단지 길흉 화복을 살피는 것뿐만 아니라 사람들에게 희망과 기쁨을 주는 성스러운 일이다. 그러나 상대방에게 실망과 비통함만 주는 사람은 손금을 볼 자격이 없다.

손금도
변한다

●

어떤 사람들은 단지 손금 하나만 보고 자신의 운명을 단정해 버린다. 예를 들면 손금에서 생명선이 짧으면 '장수하지 못하겠구나?' 라고 한탄하고, 만약 태양선이 보이지 않으면 '난 연줄과 재물운이 없구나?' 하고 슬퍼하기도 한다.

과연 그 말들이 모두 맞을까? 오랫 동안 수상을 연구해 온 경험에 의하면, 생명선이 짧아도 장수하는 사람이 적지 않고, 태양선이나 재운선이 없어도 큰돈을 버는 사람이 많다.

그렇다면 못 믿을 게 수상이지 않은가? 그러나 손금은 사실만을 나타낸다. 우리가 하루하루 성장하듯이 손바닥의 잔금들도 변하고 있다. 당신의 부단한 노력은 손 안에 뚜렷하게 새겨진다. 즉, 당사자의 눈에 보이지 않는 정신 상태를 나타낸다.

이 밖에도 수상은 손금만 보는 것이 아니라 손의 생김새나 색깔, 살집, 그리고 손톱 등 손 전체를 보는 것이다. 그렇기 때문에 손금만 보고 단언할 것이 아니라 종합적인 관찰을 해야 한다,.

손 둔덕도
관찰해야 한다

●

　본격적으로 수상의 손금에 대해 얘기하기 전에 반드시 손바닥의 '둔덕(구)'를 설명해야 한다. 구란 손바닥에 살이 두둑하게 언덕진 곳을 가리킨다. 구를 관찰할 때 단지 한 곳의 구에만 구속되지 말고 전체적인 균형에 주의를 기울여야 한다. 수상에 있어서 구는 손금과 마찬가지로 매우 중요한 의미를 갖고 있다. 그러면 그들의 이름을 살펴보자.

· 목성구(木星丘) 식지 바로 밑의 둔덕. 지배, 야심, 명성을 나타낸다.

· 토성구(土星丘) 중지 바로 밑의 둔덕. 인내와 판단력을 나타낸다. 토성구가 발달한 사람은 참을성(인내력)이 강하다.

· 태양구(太陽丘) 무명지(약지) 바로 밑의 둔덕. 붙임성, 인망(人望), 예술, 재능 등을 나타낸다.

· 수성구(水星丘) 새끼손가락 바로 밑의 둔덕. 사업 능력, 표현 능력, 사교 능력을 나타낸다.

· 제1 화성구(第一火星丘) 목성구 밑의 둔덕. 활력, 경쟁심, 정력을 나타낸다.

· 제2 화성구(第二火星丘) 수성구 밑의 둔덕. 제1 화성구와 상호대조되는 것으로 자제력과 지위 능력을 나타낸다.

· 월구(月丘) 왼쪽 손목의 바로 윗부분으로 예술 창작과 애정을 나타낸다.

· 금성구(金星丘) 엄지손가락 밑 뿌리 둘레로 건강, 수명, 체력을 나타낸다.

· 화성평원(火星平原) 손바닥 복판 오목하게 내려앉은 부분.

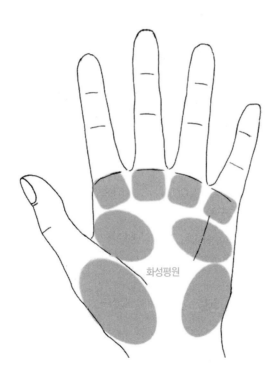

손금은 여덟 가닥의
기본선이 있다

●

손금에는 여덟 가닥의 기본선이 있다. 이를 잘 배워서 올바르게 응용하기만 하면 수상의 80%는 알아낼 수 있다.

· 생명선(生命線) 엄지손가락과 식지 사이에서 출발하여 금성구를 호상으로 에워싼 선으로 수명, 건강과 생명력을 나타낸다.

· 지혜선(智慧線) 생명선의 약간 위에서부터 출발하여 비스듬하게 손바닥을 가른 선으로 지혜, 재능과 성격을 나타낸다. 적응력을 관찰함에 매우 중요하다.

· 감정선(感情線) 새끼손가락 밑에서 출발하여 손바닥을 가로 지르는 선으로 성격, 애정, 감성 등 마음의 상태를 나타낸다. 연애의 운을 관찰하는 주선이다.

이상 세 선이 3대 주선이다.

· 운명선(運命線) 손목 근처에서 출발하여 토성구로 올려뻗은 선으로 신변의 변화와 운수의 강약을 나타낸다.

· 태양선(太陽線) 태양구에서 출발하여 세로로 뻗은 선으로 연줄, 인망(人望), 재물
　　　　　　　 운을 나타낸다.

· 혼인선(婚姻線) 새끼손가락 밑의 가로선. 일반적으로 두세 가닥인데 혼인 및 가정
　　　　　　　 운을 나타낸다.

· 재운선(財運線) 수성구에 세로로 난 선. 재운과 사업적 재능을 나타낸다.

· 건강선(建康線) 월구 위를 비스듬히 긋고 지나간 선. 생명선과 함께 건강운을 관찰
　　　　　　　 하는 선이다.

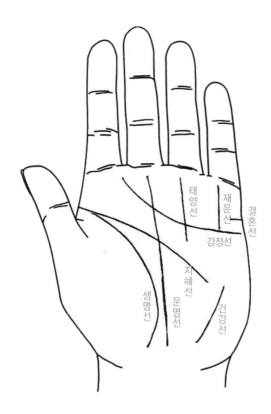

손에 잡히는 손금 해독의 기술

2장

연애운

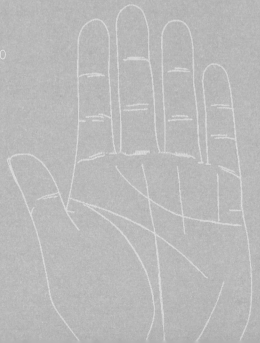

나의 애정은
원만할까 ?

젊은 독신자가 가장 관심을 가지고 보게 되는 점은 바로 애정과 결혼에 관한 것이리라. 각각의 사람에게 어떤 결혼을 하게 되고 어떤 가정을 이룰 수 있는지는 다음 장에서 자세히 살펴보기로 하고 본 장에서는 결혼 전, 즉 애정운에 대해 알아보도록 한다.

당신 자신에게 과연 어떤 연애운이 있는지, 그 연애가 결실을 맺는지…… 등등의 의문은 열렬한 사랑에 빠진 사람들뿐만 아니라 자신의 미래에 관심을 가지고 있는 사람이라면 한번쯤 생각해 보았음직한 문제이다. 손금은 바로 이러한 물음에 해답을 보여 주고 있다.

연애는 정신에 속하기 때문에 감정선과 밀접한 관계가 있다. 그리고 연정이 계속 발전하다가도 이성(理性)에 의해 억제되기도 한다. 이 이성은 두뇌에 속하기에 지혜신과도 매우 중요한 관계가 있다. 이밖에도 태양선의 유무(有無)와 구의 볼록한 정도 등이 손금을 살필 때의 중요한 구성 요소이다. 그러므로 연인의 손금이 당신과 잘 맞는지 살펴보는 것도 중요한 일이다.

이루어질 수 없는 사랑
알아보는 손금

●

현재 연인이 있든 없든 누구나 다 자신의 사랑이 맺어지기를 원한다. 손금은 바로 이런 상황을 뚜렷이 나타내 준다. 그러나 중요한 것은 자기 자신의 노력과 마음에 따라 그 결과가 달라질 수 있다는 것이다.

1) 식지와 중지 밑으로 뻗은 감정선 — 이런 사람은 매우 온유하며 감정이 풍부하다. 연인을 살뜰히 돌보며 진심으로 대하므로 애정이 오랫동안 지속되어 사랑을 키워간다.

2) 식지 밑뿌리까지 뻗어나간 감정선 — 이런 사람은 감정이 매우 두텁고 넓은 마음으로 상대방을 포용하며 정성을 다해 상대방을 믿어주는 보기 드문 순진한 애정파이다. 만약 상대방이 제멋대로 행동하는 사람이라 하더라도 말다툼이 일어나지는 않을 것이다.

3) 태양구 아래쪽에서 끊어진 감정선 ── 훌륭한 애인을 가까스로 만났지만 제멋대로 행동하는 바람에 둘 사이의 좋은 관계가 완전히 틀어져 버린다. 이런 유형의 사람들은 만약 자기가 하고 싶은 대로 하지 못하면 상대방을 비난하여 감정을 상하게 만들고 혐오감을 자아내게 한다. 감정선이 수성구 아래쪽에서 끊어진 경우도 마찬가지이다. 모두가 이기적이고 방자한 탓으로 연애는 실패하게 된다.

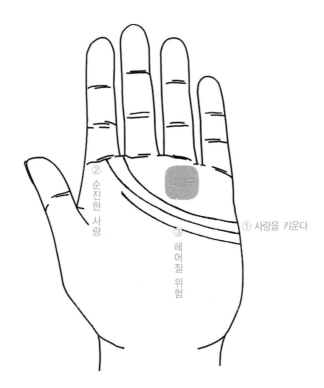

이성의 주목을
받을 수 있는 손금

●

이 세상에는 연애와는 전혀 인연이 없는 사람이 있는가 하면 또 귀찮아질 정도로 이성이 끊임없이 따라다니는, 누구나 부러워하는 사람도 있다. 그런데 그런 사람들을 자세히 살펴보면 뛰어난 용모가 아닌 지극히 평범한 사람들이 많다. 그렇다면 도대체 그의 무엇이 이성의 관심을 끄는 것일까? 그 해답은 손금이 알려줄 것이다.

1) **감정선에서 올려뻗은 지선** — 만약 감정선에서 올려뻗은 분지선이 짧더라도 이성의 시선을 끌 수 있는 충분한 매력을 갖고 있다. 명랑하고 사교에 능숙하여 동성(同性)들도 그를 대단히 환영한다. 반대로 지선이 아래로 뻗고 희미한 사람은 이성이 그를 멀리 할 것이다. 이런 사람은 사교에 신경을 써서 그 범위를 넓혀야 한다.

2) **태양선** — 이 선을 가진 사람은 행운아이다. 그는 선천적으로 사람들의 사랑을 받는 신비한 힘을 타고났기에 어디든 그가 나타나기만

하면 분위기가 밝아지고 즐겁게 바뀐다. 자기 수양을 잘하여 이 좋은 운수를 헛되게 하지 마라.

3) 토성구와 목성구 사이에서 끝이 세 가닥으로 갈라진 감정선
　— 만약 세 가닥이 모두 위로 올려뻗었으면 모든 사람의 환영과 이성의 사랑을 받게 된다.

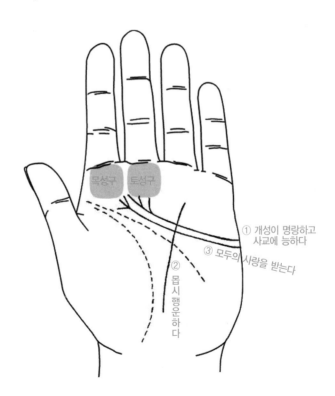

목성구　토성구

① 개성이 명랑하고
　사교에 능하다
③ 모두의 사랑을 받는다
② 몹시 행운하다

연상의 여자를
사랑하게 되는 손금

●

인기 여자 연예인이 연하의 남자와 결혼한다고 발표하면 큰 화제를 불러일으킨다. 사랑의 힘이 나이 차이를 뛰어넘어 결실을 맺기 때문에 연하 남성의 사랑을 받는 여인과 연상의 여인을 사랑하게 되는 남자의 손금에는 아래와 같은 특징이 있다.

1) 월구까지 뻗은 지혜선 — 월구는 사랑의 언덕이다. 지혜선이 월구까지 뻗어나간 사람은 매우 로맨틱하고 환상을 즐기며 보편적인 애정에는 만족을 느끼지 못한다. 그들은 항상 색다른 연애를 기대한다. 인기 있는 여성은 언제까지라도 젊은 남성의 마음을 매료시킨다.

2) 중지 아래에서 무명지 아래까지 이르는 금성띠(金星帶) — 금성띠는 열정, 성욕, 감수성을 나타낸다. 이런 손금을 가진 여자는 연하인 남자의 사랑을 받게 된다. 그녀는 성적 매력이 강하고 온

몸에 색정이 넘쳐 젊은 남자들의 정신을 잃게 만든다.

금성띠가 있고 감정선이 문란한 남자는 세심하며 감수성이 예민하여
연상의 여인을 사랑하게 된다.

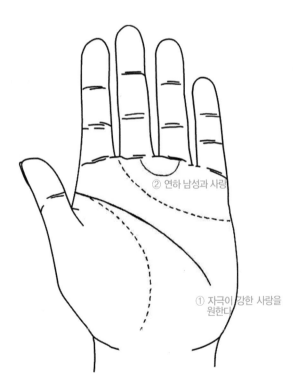

② 연하 남성과 사랑

① 자극이 강한 사랑을
원한다

애정 표현도를
알수있는손금

●

일단, 마음에 드는 사람이 있다면 그 다음에는 상대방에게 자기의
마음을 알리는 것이 가장 중요하다. 제아무리 상대방을 죽도록 사랑
한다 해도 자신의 애정을 제대로 표현하지 못한다면 그 사랑은 성공
할 수 없다. 자신의 손금을 보고 사랑법을 만들어 보라.

1) **생명선과 떨어져서 시작된 지혜선** — 남의 속마음을 재빨리 간파
   하고, 사랑법의 전략에 능숙하여 열정이 넘치는 연애편지로 상대
   방을 매료시켜 사로잡는 재능이 있다.

2) **끝이 두 가닥으로 갈라진 감정선** — 감정선의 끝이 두 가닥으로
   갈라진 사람은 이성에 관심이 많으며 쉽게 사랑에 빠진다. 그러
   나 함부로 열정을 낭비하는 사람은 아니다. 상대방을 지극 정성
   으로 보살펴 줌으로써 자연히 상대방의 사랑을 받게 된다. 상대
   방을 흥분시키는 말 재주가 있고 분위기 조성에 능숙하기 때문에

사랑에 있어서 성공율이 상당히 높다.

3) **호도가 작으며 식지와 중지 사이에서 끊어진 감정선** — 감정선이 짧지는 않으나 호도가 작으면 항상 자신을 억제하고 감정 표현에 어눌한 유형이다. 이런 사람은 소심하고 수줍음이 많으며 애정 표현에 능숙하지 못하여 기교를 사용하지 않으면 애인을 놓쳐 버리게 된다.

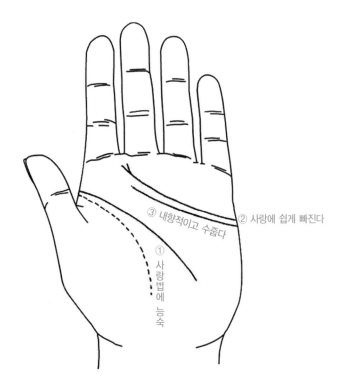

③ 내향적이고 수줍다 ② 사랑에 쉽게 빠진다 ① 사랑법에 능숙

사랑에 쉽게
빠지는 손금

●

평상시에는 매우 침착하고 온순하던 사람이 갑자기 활발해지고 정욕이
생기게 되는 등…… 사랑의 마력은 대단하다. 사랑의 늪에 빠진 당신은
어떻게 자신의 애정을 펼치려 하는가.

1) **지나치게 긴 감정선** — 감정선의 길이는 애정의 깊이를 나타낸다.
   만약 손바닥의 한쪽 끝에서 다른쪽 끝까지 뻗은 유별나게 긴 감정
   선을 가진 사람은 애정 표현이 지나칠 것이다. 그런 사람은 연인
   이 다른 이성과 마주서서 이야기만 나눠도 질투를 하고 또 상대
   방이 사랑을 확신하지 못한다면 극도로 불안해 한다.
   그러나 그럴수록 상대방을 불쌍하게 만들고 애정도 서서히 서먹
   서먹해져 결국에는 막다른 곳까지 이르고 만다. 반대로 감정선이
   유별나게 짧은 사람은 종종 냉정하고 이기적이어서 애정 전선에
   나쁜 영향을 미치게 된다.

2) **토성구에까지 뻗은 감정선** — 그 길이가 표준에 가깝기에 감정 이 냉담하지는 않지만 너무도 제멋대로이기 때문에 상대방이 지 치고 만다. 또 히스테릭하고 시샘이 강하여 상대방의 일거수일투 족을 일일이 캐묻는다. 그러나 그 자신은 오히려 애정에 충실하지 않으며 일단 상대방에게 싫증을 느끼면 냉정하게 돌아서 버린다.

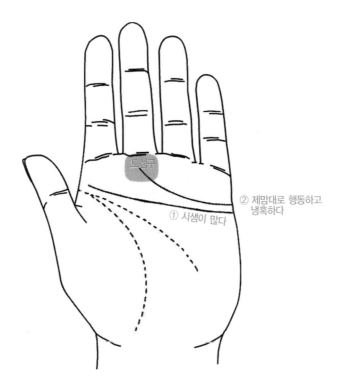

사랑이
끝나는 손금

●

사랑이 얼마나 깊던지간에 그 사랑의 미래는 알 수가 없다. 뜻밖의 문제로 쓰라린 이별을 할 수도 있으니 말이다. 온갖 시련을 이겨내고 더 깊은 애정으로 키워가든지, 아니면 새로운 연인을 다시 찾든지, 이 모든 것은 자기 자신이 선택해야 한다.

1) **토성구 밑에서 중단된 감정선** — 서로 마음도 맞고 열렬히 사랑하지만 어쩐지 비참한 파멸의 예감이 항상 떠나지 않는다. 결국에는 '남매처럼 지내자'거나 서로 원수가 되는 불행한 비극을 맞게 된다.

2) **섬 무늬가 있는 감정선** — 어제까지만 해도 딱 붙어 지내던 사이가 아주 작은 일로 헤어지고 만다. 잠시 시간을 가졌다가 사랑을 다시 회복하는 것도 괜찮을 것이다.

3) 여러 지선이 아래로 뻗은 감정선 ― 이런 손금을 가졌다면 그 사랑은 너무 일방적이어서 오래 지속되지 못한다.

4) 짧은 선에 의해 끝이 막혀버린 감정선 ― 질병이나 사망 등으로 인해 사랑이 불행하게 끝난다.

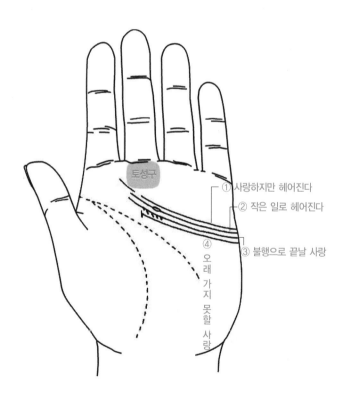

자유 분방한
애정의 손금

●

　만약 당신의 애인이 구속을 싫어하고 자유를 즐기는 사람이라면 당신은 하루하루를 불안과 고통으로 속태울 것이다. 당신의 손이나 애인의 손에 이에 해당하는 손금은 없는지 살펴볼 일이다.

　1) 여러 개의 금성띠 — 여러 개의 금성띠가 있고 지혜선이 뚜렷하지 못하다면 한 명의 이성으로는 만족을 느끼지 못한다. 그러므로 연애 상대가 여러 명 있지만 서로의 관계를 원만히 처리할 줄 아는 재능 또한 있다.

　2) 쇠사슬 모양인 감정선 — 이런 손금을 지닌 사람은 일시적 충동대로 경솔하게 행동한다. 상상을 잘하며 새로운 이성을 따르며 항상 첫눈에 반해 버린다. 의외인 것은 이런 손금을 가진 사람은 여성이 남성보다 더 많다.

3) 끝이 여러 토막으로 끊어진 감정선 — 사랑의 열정이 수시로
변하며 연애 상대도 항상 변한다.

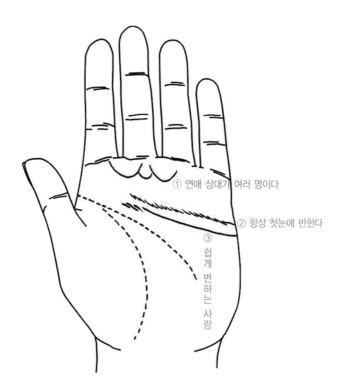

① 연애 상대가 여러 명이다

② 항상 첫눈에 반한다

③ 쉽게 변하는 사랑

기형적인 연애나
삼각 관계의 손금

●

비록 기형적인 연애는 적어졌지만 부정한 애정으로 고통을 느끼는 사람은 아직도 적지 않다. 지금도 한 사무실에서 기형적인 연애나 삼각 관계에 빠질 위험이 있는 사람이 있을 것이다. 당신의 손에 이런 흔적은 없는가?

1) 생명선을 멀리한 감정선 — 상대방이 자신의 마음에 들기만 하면 그에게 아내가 있든 말든 가리지 않고 정을 주는 유형이다. 결과에 대해서는 전혀 아랑곳하지 않는다.

2) 혼란한 감정선 — 감정선이 혼란한 사람은 감성(感性)이 풍부한 사람이다. 감정선의 윤곽마저 뚜렷하지 않을 때는 이성(理性)이 결핍한 것을 의미한다. 충동적으로 행동하기에 사랑의 결실을 못 맺고 고통에 빠지기만 한다.

3) 토성구 밑에서 급강하한 감정선 ― 이런 사람은 대부분이 자기
　 마음대로 행동하는 사람이어서 충동대로 삼각, 사각 관계를 형성
　 하게 된다.

　위와 같은 손금을 가졌지만 지혜선이 뚜렷하고 금성구가 볼록한
사람이라면 깊이 빠져들기 전에 애정을 포기하거나 굳은 의지와 행동
으로 모든 곤란을 박차고 사랑이 열매를 맺도록 힘쓸 것이다.

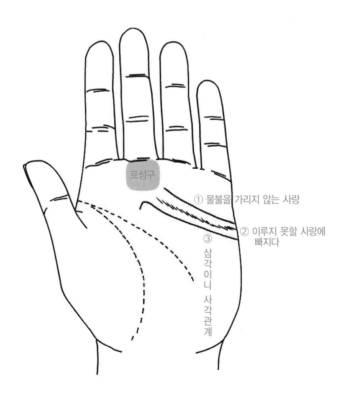

토성구

① 물불을 가리지 않는 사랑

② 이루지 못할 사랑에
　빠지다

③ 삼각이니 사각관계

성학대나
변태의 손금

이 세상에는 수많은 형태의 애정이 있다. 어떤 것을 정상이라고 하고 어떤 것을 비정상이라 할 수 있는가? 문란하게 성생활을 즐기는 사람은 정상적인 성 관념을 가진 사람과 조화롭게 어울릴 수 없다. 비정상적인 손금을 몇 개 알아보도록 하자.

1) **아래로 굽어진 쇠사슬 모양의 감정선** — 여러 가지 변태적인 요소를 갖고 있으므로 각별히 주의해야 한다. 만약 성격이 내성적이라면 성 범죄로 발전할 수 있다. 이런 손금을 가진데다 또 손끝이 굵고 짧막하면 변태성이 점점 더 짙어진다. 그러나 자신의 굳건한 의지와 주변 사람들의 따뜻한 보살핌으로 그것을 예방할 수 있다.

2) **감정선의 지선이 지혜선까지 뻗고 그곳에 또 분지선이 생긴 손금** — 대부분의 동성 연애자가 이러한 손금을 가지고 있으며 현재

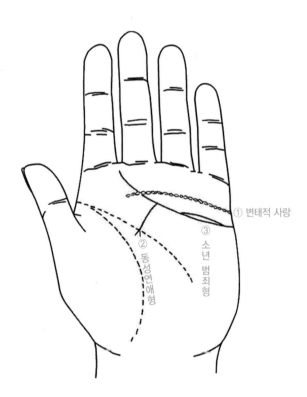

증가 추세를 보이고 있다.

3) 갈라졌던 지선이 돌아와 다시 원선과 합해진 감정선 — 이는
13~14세 되는 소년이 성범죄를 저지를 손금이다. 올바로 가르
치기 어려운 나이이므로 사회와 성인들의 관심이 필요하다.

① 변태적 사랑

② 동성연애형

③ 소년 범죄형

성욕이
강한 손금

●

애정이나 결혼생활에서 성(性)은 중요한 요소이다. 자신에게 어떠한 성생활이 펼쳐질 것이며 어느 정도의 성적 기능이 구비되어 있는지 판단하기는 매우 어려운 문제이다. 이 모든 것을 손금에서 알아볼 수 있다.

1) **이중의 감정선** — 이중 감정선을 가진 사람은 비교적 드물다. 이런 사람의 사랑은 깊고 두터우며 정력이 넘친다. 그 중에도 남성은 도량이 넓어 항상 너그럽게 남을 대하며 체력도 왕성하여 여성을 힘있게 사랑한다. 그는 정력이 좋아 사업도 잘하고 사회적 명망도 높다. 이런 남성의 사랑을 받는 여성은 참으로 행복할 것이다.

2) **풍만한 금성띠** — 감정선 위쪽에 있는 반원형의 선을 금성띠라 한다. 금성띠가 강하고 뚜렷한 사람은 감정도 매우 풍부하고

이성도 잘 이끈다. 성욕도 몹시 왕성하여 이성과 원만한 관계를 맺는다. 만약 우수한 지혜선까지 가졌으면 예술적인 재능이 훌륭히 발휘될 것이다. 반대로 지혜선이 빈약하다면 이는 단순히 여색을 즐기는 손금에 지나지 않는다.

3) 기점이 빗자루처럼 생긴 감정선 — 정력이 넘쳐흐르고 성욕이 강렬하며 지구력도 있다. 만약 금성구가 살찌고 잔금이 가로세로 가득 하면 성생활도 매우 풍부하다.

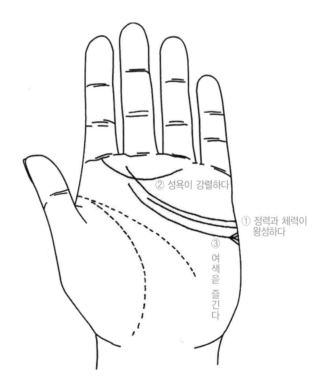

성생활에 쉽게
빠지는 손금

●

성생활은 부부의 정을 교류하는 중요한 방식이다. 그러나 그것에 너무 열중하여 일상 생활을 방해받는다면 좋지 못하다. 어떤 사람은 성생활을 장난처럼 여기는데, 정신과 육체의 결합만이 충실한 성생활임을 알지 못한다.

1) **지혜선 중심에까지 뻗은 짧은 감정선** — 상대방을 존경할 줄 모를뿐 아니라 고상한 사랑도 알지 못한다. 이성에게 접근하는 목적은 단지 성교일 뿐이고 이성을 완전히 자신의 성욕을 만족시키는 도구로 삼고 있다.

2) **쇠사슬 모양으로 낮은 위치에 있는 감정선** — 감정선의 기점이 표준보다 낮은 지역에 있고 동시에 쇠사슬 모양인 사람은 완전히 성생활을 즐기기 위해 태어난 사람이다. 그가 생각하고 있는 것은 오직 더 많은 이성을 어떻게 유혹할 것인가 하는 것이다.

3) 식지와 중지 손샅에 이르고 몇 가닥 세로선이 생긴 감정선
 ― 이런 유형의 사람은 도덕적인 관념이 결핍되어 상식에서 벗어
 난 성생활을 쉽게 한다.

4) **짤막한 감정선** ― 감정선이 짧아 겨우 중지 부근에 이르는데다가
 손까지 포동포동하고 부드러우면 애정을 장난처럼 치부하고
 단순한 육욕의 놀음으로 삼는다.

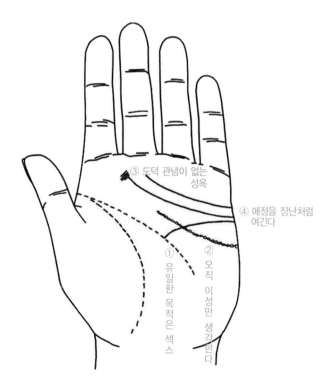

3장

결혼운

조혼인가 ?
만혼인가 ?

새끼손가락 아래 수성구에 있는 가로선을 혼인선이라 한다. 수성구는 호르몬과 밀접한 관계가 있기 때문에 성생활과 결혼에도 관련이 된다.

혼인선을 언급하면서 반드시 밝혀둘 것은, 최근에는 동거하는 남녀가 많은데 이 역시 혼인 관계로 여긴다. 혼전 성생활도 혼인선에 나타나므로 혼인선이 세 가닥이라 하여 그가 꼭 세 번 결혼한다고 할 수는 없다. 대부분 가장 깊고 뚜렷한 선이 진짜 결혼을 의미한다.

미혼 남녀가 제일 관심을 가지는 것이 언제 결혼할 것인가? 결혼 생활이 어떨 것인가? 어떤 가정생활을 하게 되는가? 혼인선에서는 이런 문제의 해답을 찾아볼 수 있다. 그러나 한 가지 유감스러운 것은 결혼을 몇 살 때 언제 한다고 정확히 밝히지 못한다는 것이다.

1) 혼인선이 새끼손가락에서 멀수록, 즉 감정선에서 가까울수록
   빨리 결혼하게 된다.
2) 새끼손에 가까울수록 늦게 결혼하게 된다.
   이미 결혼한 사람에 대해 혼인선은 지금 두 사람의 관계와 심리
   상태를 여실히 나타내고 있으므로 미래에 대해 참고할 수 있다.

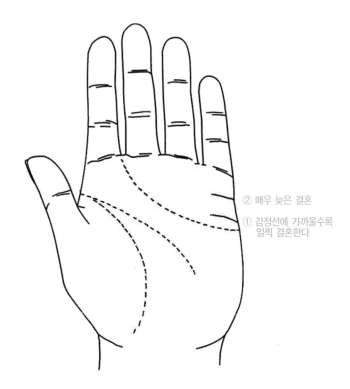

② 매우 늦은 결혼

① 감정선에 가까울수록
   일찍 결혼한다

중매인지
연애 결혼인지
알 수 있는 손금

연애 결혼보다 중매 결혼을 더 선호하는 사람들이 있다. 그러나 연애 후에 가정을 이루든지 결혼 후에 천천히 애정을 키우든지 이 모든 것이 손금에 나타나 있다.

1) **좌우 위치가 동일하고 뚜렷한 혼인선** ─ 좌우 두 손의 동일한 위치에 뚜렷하게 혼인선이 있으면 매우 훌륭한 배필이 나타나 달콤한 연애 후에 가정을 이루고 결혼 후에도 사랑이 식지 않아 백년해로하게 된다.

2) **뚜렷한 혼인선과 포동포동한 월구** ─ 길고 뚜렷한 혼인선이 있는 데다 포동포동하게 살찐 월구를 가진 사람은 뛰어난 배필과 연애를 하여 행복한 가정을 이루게 된다. 반대로 혼인선도 희미하고 월구 도 살찌지 않은 사람은 종종 이성과 인연이 없다. 성격이나 용모 도 관계가 있지만 이성과 만날 기회가 적은 것도 한 가지 이유라

고 할 수 있다. 애써 자신의 수준을 높이기만 한다면 친척과 직장 상사가 당신에게 좋은 연분을 맺어 줄 것이다.

3) 손목 중심으로 하강한 지혜선 — 이런 유형의 사람은 대개 성격이 괴팍하고 이성에 대해 겁이 많으며 소극적이다. 때문에 주변 사람들의 협조가 필요하다.

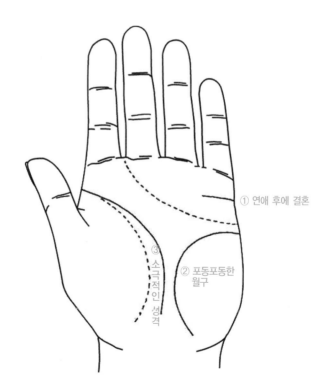

① 연애 후에 결혼

③ 소극적인 성격

② 포동포동한 월구

결혼생활이
행복할 손금

●

어느 누구나 행복한 결혼생활을 원한다. 만약 당신의 손에 이런 손금이 있다면 부부가 복을 소중히 여기고 행복한 살림을 힘써 아끼며 키워나가면 된다.

1) 태양선을 향해 상승하거나 태양선과 합쳐진 혼인선 — 혼인선이 상승하다가 태양선과 합쳐지기까지 했으면 그야말로 대단히 좋은 손금이다. 모든 사람이 염원하는 아름다운 혼인을 할 손금이다. 여자는 돈 많은 기업가이며 군자인 사람을 만나게 되고 남자는 어여쁜 사장댁 따님과 결혼하여 미래가 훤히 펼쳐질 것이다.

2) 비스듬하게 상승한 혼인선 — 혼인선이 서서히 호선(弧線)을 그리며 상승하였다면 흥미와 가치 관념이 서로 맞는 사람을 만나 결혼한 후에도 화목한 관계를 유지하게 된다. 만약 상대방도 이런 손금이라면 그 이상 더 좋은 일이 없을 것이다.

3) 지선이 태양선까지 이른 혼인선 ― 결혼 후에 더욱 깊은 경의와
애정이 있다.

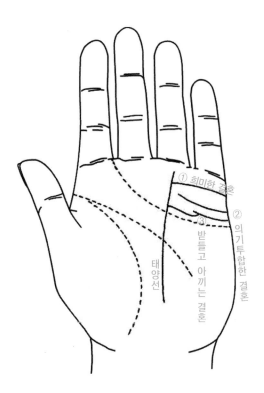

결혼과정이
순탄치 않을 손금

"현실은 소설보다 더 리얼하다."고 사람들은 말한다. 인생은 한 편의 연극과 같다. 만약 당신에게 이런 손금이 있다면 당신은 곧 극중의 남자나 여주인공처럼 결혼생활이 결코 평범하지 않을 것이다.

1) **길이와 굵기가 같은 평행 혼인선** — 같은 혼인선이 두 가닥이면 두 번 결혼을 한다. 새끼손가락의 가로선이 두 상대자에게 이른다. 첫번째 결혼이 반드시 원망 속에 이루어지는 것은 아니지만, 두 번째 결혼은 매우 행복할 것이다. 그야말로 사람들이 부러워할 결혼이다.

2) **기점이 두 가닥인 혼인선** — 마치 애정 드라마처럼 온갖 시련을 겪은 다음에야 결혼을 하게 된다. 모진 시련을 겪고 이루어진 결혼이기에 그 감정이 매우 짙다.

3) 혼인선에서 갈라져 나온 가는 지선이 토성구의 십자와 이어진 손금
— 배우자가 늘 의심쩍어 보이고 심지어 죽이고 싶은 마음까지
생긴다.

4) 하강하여 감정선과 만난 혼인선 — 사랑하던 사람과 영원히 이별,
즉 사별을 하게 된다.

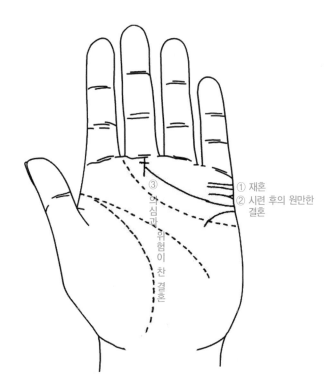

정부가
있을 손금

●

'여색을 찾아다니는 것은 남자의 천성이다.' 라는 옛말도 있지만 지금은 여자들도 고독을 참아내지 못한다. 그러나 절제하지 못한다면 마치 정치가가 여색으로 전도를 망치듯이 비참한 경험을 하게 된다.

1) 가는 평행선이 달린 혼인선 — 혼인선 곁에 평행으로 가늘디 가는 선이 있는 사람은 자신의 배필 이외의 다른 이성을 좋아하여 보통 육체적인 관계까지 갖게 된다. 가는 평행선이 혼인선 위쪽에 있든 아래에 있든 다 마찬가지이다.

2) 여러 가닥의 혼인선 — 보통 혼인선이 여러 가닥이 있기는 하지만 다섯 가닥 이상인 사람은 결혼 후에도 이성에 대해 특별한 관심을 기울여 약간의 말썽을 일으키곤 한다. 만약 그 여러 가닥의 혼인선 중에 특히 굵고 긴 것이 있다면, 많은 이성 중에 특별히 사랑하는 한 사람이 있어 바람 같은 마음을 잡게 된다. 그러나 모든

선의 길이가 똑같으면 평생토록 들뜬 마음으로 지낼 것이다.

3) 아래 위쪽 반대 방향으로 굽어진 두 가닥의 혼인선 ― 배우자에
   대한 애정이 있지만 다른 이성의 유혹을 받아 두 사람을 동시에
   사랑하게 된다. 만약 태도를 명확히 하지 않으면 두 사람을 모두
   놓치게 된다.

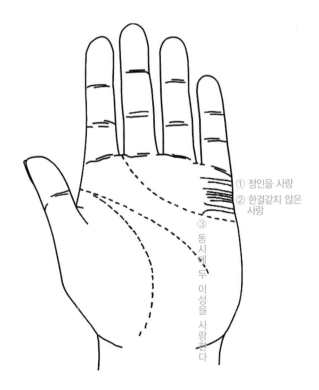

① 정인을 사랑
② 한결같지 않은
   사랑
③ 동시에 두 이성을 사랑한다

별거하거나
이혼할 손금

●

오랜 결혼 생활 중에서 때로는 불만으로 또는 서로의 속마음을 알아채지 못해 가정의 위기가 조성된다. 그러나 대부분은 대화를 통해 서로의 이해가 깊어지면서 위기가 사라진다. 그럼에도 불구하고 어떤 사람들은 별거하거나 이혼의 길로 접어든다.

1) **끝이 갈라진 혼인선** — 이는 모종의 연고로 헤어지거나 또는 한 집에 살며 겉으로는 친한 것 같지만 사실은 소원한 손금이다. 만약 사업상의 필요로, 또는 질병 때문에 부득이 별거한 것이라면 괜찮지만 대부분 가정 불화로 인해 끝내 헤어지게 된다.
   손금에서 갈라진 선이 아래로 향하고 굵을수록 이혼할 가능성이 더 크다.

2) 끝에 섬 무늬가 있는 혼인선 ― 섬 무늬가 선의 어느 곳에 있든 불길한 징조를 나타낸다. 끝에 있으면 별거를 상징하므로 빨리 예방을 하지 않으면 나쁜 결과를 초래한다.

3) 뱀 모양의 혼인선 ― 이런 손금을 가진 사람은 결혼의 기초부터 잘못 되어 있기 때문에 신혼 기간에 불만이나 성격이 맞지 않아 서로의 감정이 상한다. 이런 결혼은 원상 복구하기가 매우 어려 워 결국에는 이혼하는 비율이 높다.

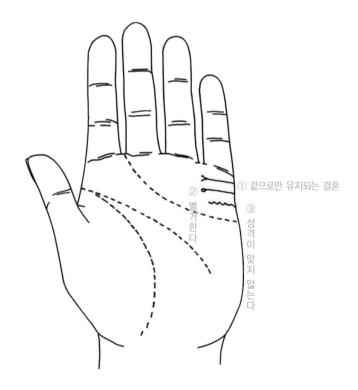

겉으로만 유지되는
결혼의 손금

●

부부의 권태기는 보통 3년, 5년, 7년 주기로 발생한다. 그러나 시간이 흐를수록 부부간의 사랑도 깊어지는 예 또한 적지 않다. 때문에 무턱대고 상대방만 원망하지 말고 자기 자신도 노력을 해야 한다.

1) 중간에 끊어진 혼인선 — 초기에는 결혼생활이 무척 행복하다. 그러다가 시간이 지난 후에는 점점 상대방을 보기만 해도 신물이 나서 사랑이 시들어 말라 버린다.

2) 중간에 섬 무늬가 있는 혼인선 — 부부 사이에 아주 큰 불화가 생기게 된다. 만약 잘 처리하지 않으면 별거할 가능성이 매우 크다.

3) 하강 지선이 여러 가닥인 혼인선 ── 배우자가 너무 담담하거나 신체가 쇠약하여 도무지 친밀해질 기회가 없어서 적적한 느낌만 더한다. 심지어 결혼생활에 의문이 생기게 된다.

4) 끝이 빗자루 모양처럼 생긴 혼인선 ── 항상 제멋대로 행동하기에 상대방에게 불쾌감을 준다. 그 결과 사랑이 점점 식어 버린다.

5) 하강하는 혼인선 ── 부부의 권태감을 나타내는 손금이다.

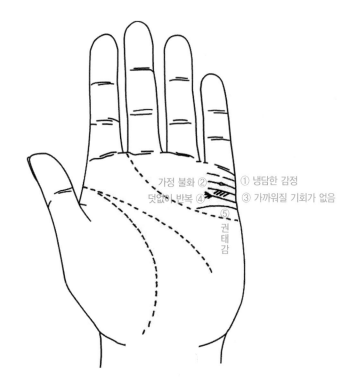

가정 불화 ②　　① 냉담한 감정
덧없이 반복 ④　　③ 가까워질 기회가 없음
⑤
권
태
감

타인을 사랑하거나
타인의 사랑을
받을 손금

●

누구나 다른 사람들의 축복을 받으며 행복한 결혼생활을 영위하기를 바란다. 그렇지만 행복 속에도 때로는 그늘이 있기 마련이다. 만약 당신의 손에서 이런 손금을 발견했다면 곧 그런 요인이 있는 것이다.

1) 금성띠와 만나는 혼인선 — 금성띠가 매우 뚜렷하고 또 혼인선과 만났다면 성욕이 매우 강하고 대단히 열정적인 사람이다. 만약 남자가 이런 손금을 가졌으면 아내 한 명으로는 만족을 못 하고 2~3명, 심지어 더 많은 정부를 거느리게 된다. 만약 여자가 이런 손금을 가졌다면 수많은 연애를 하고 결혼한 후에도 마음속의 연인은 따로 존재하게 된다.

2) 서로 가까이에 있는 두 가닥의 혼인선 — 서로 근접한 두 가닥의 선은 마치 딱 붙어 서 있는 두 사람처럼 이미 배우자가 있는 사람과 매우 쉽게 연애를 하거나 자신의 배우자가 아닌 다른 사람과 접

촉하게 된다. 그리고 이런 손금은 결혼 후에도 옛 사랑을 못 잊는 사람에게서 볼 수 있다.

3) **금성띠** — 중지의 아래쪽에 반원 형태의 금성띠가 뚜렷하고 중단된 곳이 없으면 이성에게 접근하기를 좋아하며 여색을 즐긴다. 자신의 결혼생활에 충실하지 않으며 다른 사람과 정식으로 결혼을 하지 않고 가까이 지낸다.

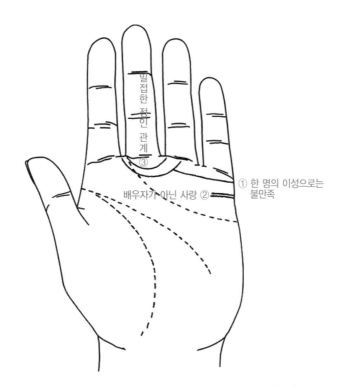

밀접한 점한 관계 ③

배우자가 아닌 사랑 ②

① 한 명의 이성으로는 불만족

혼전에 애로가 있거나
시어머니와 불화할 손금

●

    두 남녀가 연애를 하는 동안 친구나 부모의 반대 등 여러 가지 장애에 부딪칠 수 있으며 또 이런 장애를 이겨내고 결혼했다 하더라도 상대방 식구와 불화를 겪는 등 골치 아픈 일들에 부대낄 수 있다.

  1) **금성구에서 시작된 선과 만나는 혼인선** ─ 이는 당신 자신의 가족이나 연인의 가족이 결혼을 결사적으로 반대할 손금이다. 물론 꾸준한 노력으로 결혼이 이루어졌다 하더라도 결혼 후에 어떤 사고가 생길 것이다.

  2) **짧은 세로선에 의해 끊어진 혼인선** ─ 이 역시 친척이나 주위 사람들이 당신의 결혼을 반대할 손금이다. 만약 혼인선이 뚜렷하면 반대를 물리치고 사랑을 이루게 되지만 혼인선이 희미하고 아래로 내려갔다면 결혼을 포기해야 한다.

3) 반점이 있는 혼인선 — 부부 생활에 항상 분쟁이 생긴다. 대부분
   시어머니와 며느리의 불화로 인해 생기는 것이므로 서로 이해하고
   상대방을 더욱 세심하게 보살펴 주어야 한다.

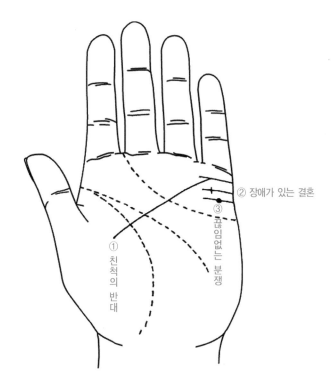

독신으로
살 손금

●

결혼보다 자신의 일을 더 소중하게 생각하는 여성이 점점 늘고 있다. 이에 따라 결혼하고 싶어도 배우자를 찾지 못하는 남성도 역시 늘고 있다. 어느 때 결혼하는 것이 가장 적절한지는 바로 자기 자신이 결정해야 할 사항이다. 당신의 결혼 관념을 소중히 하라.

1) **끝이 올라간 혼인선** — 이는 결혼할 인연이 없거나 결혼할 생각을 안 하는 손금이다. 한 사람이 매우 큰 포부를 품고 사업에 몰두할 때 이런 손금이 생긴다. 그렇기 때문에 흔히 신부, 목사, 승려의 손에서 이런 손금을 볼 수 있다. 만약 기혼자의 손에 이런 손금이 있으면 사업이나 질병으로 인해 부부가 헤어지게 된다.

2) **격자 무늬가 있는 혼인선** — 보통 독신 여성의 손에서 볼 수 있는데 이는 결혼 조건이 아직 성숙되지 않았으며 적어도 일년 이내에는 결혼하지 못할 것을 의미한다. 그러나 이런 손금을 가진 사람은

이성의 환영을 받아 각종 유혹의 대상이 된다. 일단 자신의 이상에 맞는 상대자가 나타나기만 하면 격자 무늬는 점점 사라지고 한 줄의 뚜렷한 혼인선으로 변해 버린다.

3) **짧은 세로선에 의해 끝이 잘린 혼인선** — 항상 좋은 연분을 만나는 듯하지만 높은 것을 바라볼 수 없고 낮은 것은 눈에 차지 않을 것이다. 서두르지 말고 조금 더 기다려 보라.

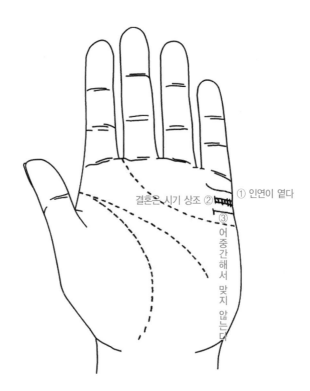

결혼은 시기 상조 ② ── ① 인연이 옅다

③ 어중간해서 맞지 않는다

맞벌이하고
부인이 진취적인 손금

●

결혼한 후에 여자는 맞벌이를 할 수도 있고 가정 살림만 할 수도 있다. 당신에게는 어느 쪽이 더 잘 맞는가? 결혼 후에 어떤 생활을 할 것인지는 매우 중요한 문제이다. 자신의 성격을 잘 살펴보고 그에 적합한 계획을 세워라.

1) **새끼손가락 밑에서 끝이 올라간 혼인선** — 이런 손금을 가진 여성은 정력이 넘쳐흘러, 사회 생활을 하지 않은 채 가정에만 묻혀 산다는 것은 지나친 낭비이다. 결혼을 하지 않은 채 모든 정력을 사업에 기울이는 것이 좋겠지만 사랑하는 사람 곁에서 즐거운 나날을 보내는 것이 모든 사람들의 염원이므로 왕성한 정력과 재능을 잘 이용하여 가정도 사회 생활도 조화롭게 꾸려 나가야 한다.

2) **강력한 운명선과 지혜선** — 이 두 선이 다 혼란하지 않고 뚜렷하며 힘 있어 보일 때는 사업 능력이 남자보다 더 강함을 의미

하며 절대 가정에 갇혀 지낼 수 없다. 여성일지라도 진취적인
실력을 갖고 있다.

3) **한 줄의 뚜렷한 혼인선** — 혼인선은 보통 두세 가닥인데 만약
   혼인선이 뚜렷하고 분명하게 한 줄밖에 없는 사람은 남녀를 막
   론하고 가정을 최우선으로 여긴다. 남성에게 이런 손금이 있으면
   아내의 말을 경청하여 화목한 가정을 꾸려 나간다.

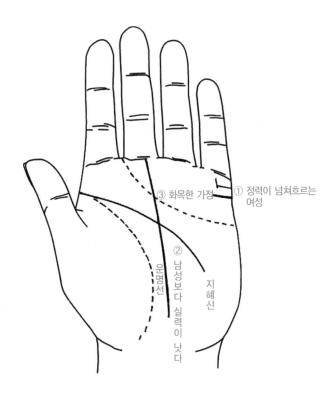

③ 화목한 가정

① 정력이 넘쳐흐르는 여성

② 남성보다 실력이 낫다

운명선

지혜선

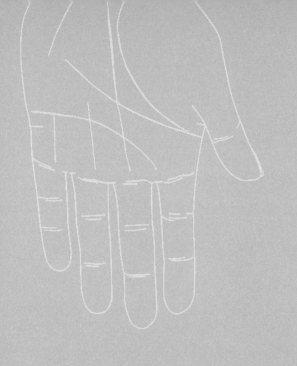

4장

재물운

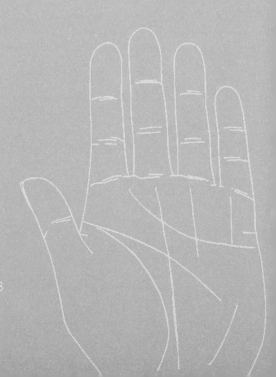

당신의 재물운을
살펴보자

수영장이 있는 대저택에서 살고 최고급 자동차를 타며 부유하고 우아하게 사는 것은 모든 사람이 바라는 생활이다. 그러나 현실에서는 수영장이 있는 대저택은 고사하고 아파트 한 칸도 마련하기 힘들다.

그러므로 자신이 어떻게 얼만큼 돈을 벌 수 있는지는 모든 사람이 다 알고 싶어하는 문제이다. 당신의 손금에서 재물운을 살펴보면 당신이 얼마나 돈복이 있는지 훤히 알 수가 있다.

재물선은 수성구 아래 쪽의 세로선인데 길고 굵을수록 횡재할 확률이 크다. 그러나 반드시 운명선, 태양선, 지혜선까지 종합해서 판단을 해야 한다. 왜냐하면 재물운은 그 사람의 운수와 성격, 천품(天稟)과 매우 밀접한 관계가 있기 때문이다. 다시 말하면 모든 선을 다 관찰해야만 보다 정확하게 알 수 있다.

이밖에도 수성구가 두드러진 모양, 손을 내미는 방식까지도 그 사람의 재물운을 나타낸다. 그렇기 때문에 재물선이 없다고 낙심하지 마라. 돈 벌 기회는 얼마든지 있기 때문이다.

억만장자가 될
손금

●

돈이 아무리 많다 해도 그것을 거부하는 사람은 단 한 명도 없을 것이다. 아래 여러 가지 손금을 가진 사람은 돈복이 있는 사람이다. 정말로 누구나 부러워할 운수인 것이다.

1) 운명선, 태양선, 재물선이 한 곳으로 합쳐졌다가 위쪽으로 뻗은 손금 — 세 가닥의 선이 굵고 혼란하지 않으면, 재물 복이 아주 많아 대단한 거부가 될 손금이다. 이 세 가닥의 강력한 재물선의 보호를 받는다면 그 어떤 일을 해도 최정상에 도달할 수 있다. 이것은 제일 좋은 손금이다.

2) 두 가닥의 지혜선 — 지혜선이 강력하고 또 뚜렷하게 두 줄이라면 그 자신의 재능과 영감으로 큰 돈을 벌 수 있다. 만약 돈을 물 쓰듯 하지 않고 계산을 잘 하는 사람이라면 그는 곧 지성과 교양을 갖춘 우아하고 유머러스한 사람이다.

3) 지혜선에서 시작된 재물선 — 이런 손금을 가진 사람은 감성이 뛰어나고 시대의 첨단에 서서 끊임없는 창의성을 발휘한다. 독창적인 기업을 일구어 사회를 이끌며 재산을 쌓을 사람이다.

4) 손바닥을 한쪽 끝에서 다른쪽 끝으로 완전히 가로질러 그은 지혜선 — 이런 형태의 선은 '재산을 모은다' 는 뜻에서 축재선(聚財線)이라 한다. 역대의 유명한 인물들 중 이런 손금을 가진 사람은 적지 않다. 이 선을 또 '무엇이든 한 번 손에 쥐면 놓지 않는다' 는 뜻에서 백악지상(百握之相)이라고도 한다. 이런 사람은 매우 탐욕스럽고 또 이익이 생기면 매우 좋아한다. 이들은 돈 모으는 방면에서 뛰어난 재능을 가지고 있다.

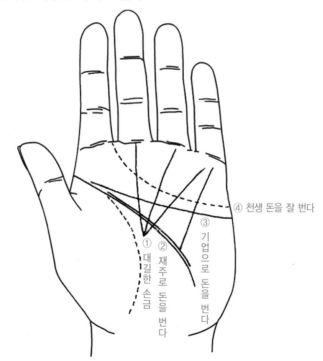

④ 천생 돈을 잘 번다
③ 기업으로 돈을 번다
② 재주로 돈을 번다
① 대길한 손금

사업적 재능이
뛐어난 손금

●

한 사람의 사업적 재능이 어떤지를 알려면 그의 수성구가 두드러진 정도와 지혜선의 상태를 보면 알 수 있다. 그리고 새끼손가락이 긴 사람도 장사를 잘 한다.

1) **운명선에서 시작된 재물선** — 운명선, 재물선이 모두 강력하고 뚜렷한 사람은 장사를 하면 돈을 벌 수 있다. 회사원이 되기보다는 독자적으로 사업을 하는 것이 돈도 더 많이 벌 수 있고 일생이 더 순조로울 것이다.

2) **끝이 갈라져 상승한 지혜선** — 교제에 재주가 있고 일처리에 능숙한데다가 점잖고 세련된 화술까지 갖추어 세일즈맨이나 영업 직원이 된다면 수입도 많고 자신의 능력도 충분히 발휘할 것이다. 만약 독자적으로 사업을 하더라도 역시 성공할 수 있다.

3) 지혜선이 중지 아래쪽에서 두 가닥으로 갈라져 하나는 곧게, 다른 하나는 월구에까지 뻗어나간 손금 — 영업적 능력이 뛰어난데다가 비법까지 터득하였고 예술 방면의 재능까지 겸비하고 있으므로 설계사나 인테리어 등의 사업을 선택하면 성공할 수 있다.

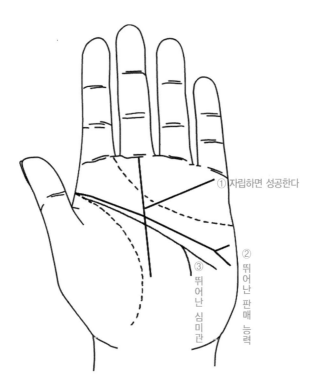

① 자립하면 성공한다

② 뛰어난 판매 능력

③ 뛰어난 심미관

절약을 통해
부자가 될 손금

●

보통 사람이 돈을 좀 모으려면 일생 동안 조금씩 아끼면서 한푼 두푼 모으는 방법밖에는 없다. 그러자면 의식주에서 절약을 할 수밖에 없다. 당신은 그렇게 절약할 수 있는가?

1) **생명선과 지혜선이 한 곳에서 출발하여 식지, 중지 사이의 아래쪽에서 갈라진 손금 —** 매우 신중하고 절대로 모험을 하지 않으며 착실하게 한푼 한푼씩 모으는 사람이다. 일단 목표를 정한 다음에는 하나하나 착실하게 그 목표를 향해 나아가는 노력하는 유형이다.

2) **생명선과 지혜선이 식지 아래쪽에서 갈라진 손금 —** 설사 어느 정도 성공을 거두었다 하더라도 절대 만족하지 않고 더욱더 노력하여 재산을 더 많이 모으는 사람이다. 진취적인 성향이 강하여 다른 사람은 쉬어도 그는 열심히 사업이나 공부를 한다.

3) **화성평원에서 출발한 태양선** ― 태양선만 있으면 마치 아무 고
생을 하지 않고도 행운이 생길 듯하지만 태양선의 기점이 화성평
원에 있을 때 그리고 호형이 크면 수많은 파란곡절을 겪어야만
성공과 재산을 얻게 된다. 즉 부단히 노력해야 할 유형이다. 비록
애로는 많았지만 성공 후의 기쁨도 그만큼 크다.

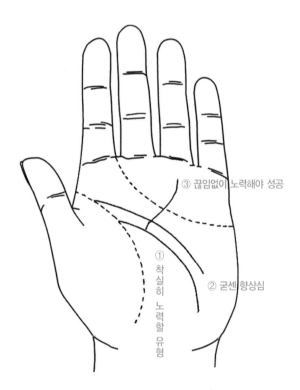

연줄과 성망으로
부자가 될 손금

●

좋은 연줄이 있으려면 살찐 월구와 월구에서 출발한 태양선과 운명
선이 있어야 한다. 이 모든 조건을 갖추었다면 지극히 평범하던 소녀
가 뜻밖에 인기 배우가 되어 무수한 재산을 모을 수도 있다. 만약 당신
에게도 이런 손금이 있다면 장차 인기 배우가 될 수도 있을 것이다.

1) **월구에서 출발한 태양선** — 명랑하고 감성이 풍부하여 대중의
   사랑과 지지를 받는다. 보통 연예인들에게서 이런 손금을 볼 수
   있다. 그러나 당사자의 노력과 재능에 의한 것이라기보다는 주위
   사람들의 추대와 원조 때문이라고 하는 것이 적당할 것이다.
   연줄이 비약하면 돈복도 따라 오르게 된다.

2) **두 갈래로 시작된 태양선** — 사업을 시작할 때 돈 많은 사람이
   나서서 도와주거나 은행이 대출을 해주어 자금 걱정이 없을 것
   이다. 이 역시 당사자의 인격의 표현이다. 인간관계를 이용하는

사업을 선택하면 부자가 될 수 있다.

3) 월구에서 출발한 운명선 ─ 착실하게 노력하는 유형이다. 그러나 노력의 보람은 별로 없고 주위 사람들의 도움이 커서 노력으로는 얻지 못할 몇 배의 재산을 모으게 된다.

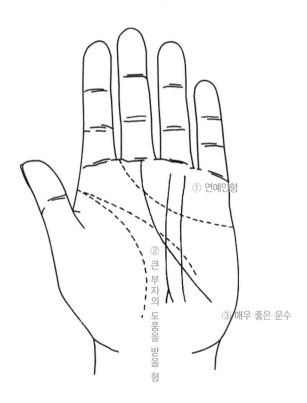

① 연예인형

② 큰 부자의 도움을 받을 형

③ 매우 좋은 운수

도박으로
부자가 될 손금

●

고생을 하지 않고 큰돈을 버는 방법은 없을까? 이는 모든 사람이 바라는 바일 것이다. 비록 세상에는 일하지 않고 얻는 일은 없다 하더라도 거액의 돈을 걸고 도박하여 한번에 대부옹이 된 행운아도 있다.

1) 수성구와 태양구 사이에 있는 재물선 — 무일푼인 사람이 하룻밤 사이에 큰 부자가 될 도박꾼의 손금이다. 그러나 비록 돈이 쏟아지듯 들어왔지만 며칠 못 가서 물 쓰듯 다 써버려 다시 무일푼이 되고 만다.

2) 생명선과 지혜선의 두 기점 사이가 3, 4㎜인 손금 — 시기를 잘 타고 적극적이며 대담하여 중요한 길목에서 승부를 내어 뭉칫돈을 벌게 된다.

3) 생명선과 지혜선의 두 기점 사이가 5㎜ 이상인 손금 — 이런 사람은 기회를 틈타 교묘하게 이득 취하기를 좋아한다. 동시에 경계심이 없고 덤벙대는 사람이다. 때문에 성공하면 벼락 부자이고 실패하면 가난뱅이라 늘 빈부의 극과 극 생활을 하게 된다.

4) 중지 아래쪽에서 지혜선이 생명선에서 갈라지는 손금 — 위의 3)과 정반대로 너무나 세심하고 신중하며 대담성이 전혀 없어 수많은 좋은 기회를 다 놓쳐 버려 한평생 돈과는 인연이 없는 사람이다.

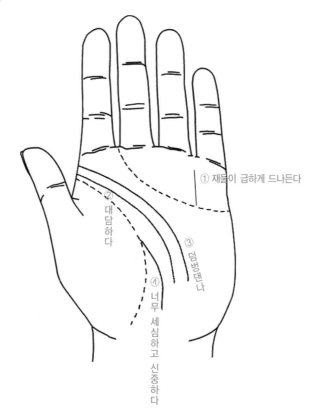

① 재물이 급하게 드나든다

② 대담하다

③ 덤벙댄나

④ 너무 세심하고 신중하다

도박에
불리한 손금

●

도박은 실로 큰 자극을 갖고 있어서 사람들을 매혹되게 한다. 그러나 운수 나쁜 사람이 놀음에 빠져들면 멸망의 길밖에 없다. 만약 놀음에 빠져 있더라도 자신이 도박에 불리한 손금이라는 것을 알았다면 도박을 그만두는 것이 총명한 사람이다.

1) **월구에서 상승한 운명선이 감정선에서 멈춘 손금** — 운명선이 월구에서 출발하여 호형으로 상승하다가 감정선에 가서 멈추어 버린 사람은 마음이 착하여 남에게 아주 잘 기만당한다. 게다가 목숨을 걸고 해볼 용기도 없어 놀음에는 적합하지 않은 사람이다.

2) **수성구에 뱀형의 세로선이 있는 손금** — 만약 이런 손금이 나타나면 놀음을 그만두어야 한다. 이런 손금은 그 어떤 일에서도 모두 실패할 나쁜 운수이다. 이 손금이 사라질 때까지 참을성 있게 기다려야 한다.

3) **목성구에 세로선이 있는 손금** ― 목성구에 몇 개 짧은 세로선이 있는 사람은 맡은 일에 싫증을 잘 느끼고 정신을 집중하지 못한다. 그렇기 때문에 신경을 극도로 집중해야 하는 도박이 그에게는 적합하지 않다. 그가 무슨 일을 하든지 모두 헛수고일 것이다.

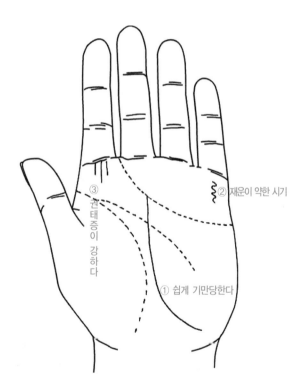

부동산 운이
있는 손금

●

부동산을 구입하려면 먼저 자신의 운수를 살펴 가장 적합한 시기에 결정을 내리는 것이 좋다. 자신의 부동산 운이 어떤가를 손금으로 알아볼 수 있다.

1) **월구 옆에서 짧은 선이 올라와 운명선에 합쳐진 손금** — 부동산 운이 매우 강한 사람을 사귀게 되거나 여러 가지 정보를 얻었거나 후원자가 나타나서 자기 염원대로 부동산을 구입할 기회가 온다. 미리 준비를 잘 하여 좋은 기회를 놓치지 마라.

2) **금성구의 하반부에 세로선이 몇 줄 있는 손금** — 이런 선을 음덕선(陰德線)이라고 부른다. 음덕선이 있으면 부모나 조상의 덕으로 부동산을 물려받게 된다. 번화한 도심의 중심 지대에 있는 부동산을 일반 사람으로서는 살 염두를 못 낸다. 그러나 어떤 사람은 부모에게서 물려받는 대단한 행운의 운수를 가지고 있다.

3) 손목에 나타난 V자형 손금 — 이는 매우 강한 부동산 운수이다. 만약 V자 손금이 손목 중앙에 나타났다면 더 큰 가치의 부동산을 갖게 된다.

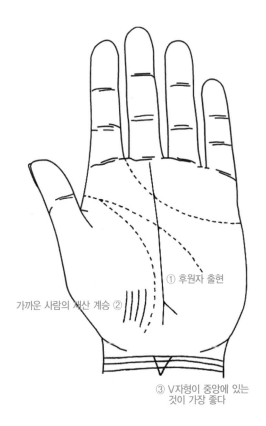

① 후원자 출현

가까운 사람의 재산 계승 ②

③ V자형이 중앙에 있는 것이 가장 좋다

유산이나 재산이 생길 손금

●

일부 사람들은 한평생 죽도록 고생하고도 돈을 못 벌었다고 불평하지만 어떤 사람들은 하늘에서 떨어진 듯 재산을 얻곤 한다. 이런 운수를 가진 사람과 친구로서 사귀어도 좋다.

1) 살찐 금성구에 궁형선이 여러 가닥 생긴 손금 ― 이런 선을 음덕선(陰德線)이라 한다. 조상이나 자신의 덕으로 재산을 얻게 될 손금이다. 착한 일을 하면 반드시 좋은 보상이 있는 법이다. 만약 조상의 유산을 물려받았다면 감사드리는 것을 잊지 말며 또 보다 중요한 것은 그것을 유효하게 사용해야 하는 것이다.

2) 금성구에서 출발하여 운명선과 평행으로 상승한 선 ― 금성구 아래쪽에서 출발하여 운명선과 평행되게 올라간 선은 부모의 재산을 물려받거나 집안 사람의 경제적인 후원으로 성공할 손금이다.

3) 금성구에서 시작한 운명선이 생명선의 중간 점에서 서로 만난 손금
   ― 강력한 운명선이 금성구에서 출발하여 호형인 생명선의 중간
   점에서 서로 만났다면 배우자나 배우자 부모의 재산을 받아 운이
   트이게 된다.

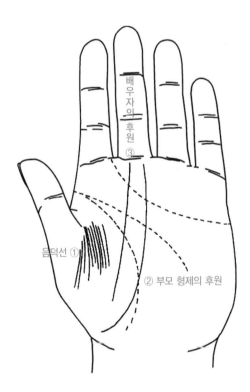

낭비자의 손금

●

돈 버는 재주가 아무리 좋다 하더라도 사치와 낭비를 일삼는다면 나중에는 무일푼이 되고 말 것이다. 이런 사람에게 돈을 주는 것은 돼지에게 구슬을 던져주는 격으로 값어치도 모르는 사람에게 귀중한 물건을 주어 못 쓰게 만드는 것과 다를 게 없다. 마땅히 의미 있게 돈 쓰는 습관을 길러야 할 것이다.

1) **급속히 하강하는 지혜선** — 지혜선이 급강하한 사람은 이성이 부족하여 늘 감정과 분위기의 지배를 받는다. 즉, 현실보다 몽상이 앞서고 결과는 전혀 생각하지 않는 낭비형이다. 마치 돈도 없으면서 성대한 혼례식을 치르는 것과 같다.

2) **뱀 모양의 재물선** — 설사 매우 긴 재물선이 있다 하더라도 만약 그 선이 뱀 모양으로 구불구불하고 가늘며 연약하다면 그에게 돈이 아무리 많다 하더라도 얼른 써버리게 된다. 오직 수지(收支) 계획을

제대로 세워야만 손금도 곧게 변한다.

3) 섬 무늬가 있는 재물선 — 이 역시 몸에 재산이 남아 있지 않은 손금이다. 생활 습관을 좋게 바꾸고 좋은 시기가 올 것을 기다려라.

4) 짧은 가로선이 있는 재물선 — 의외의 지출이나 뜻밖의 손실이 있음을 의미한다.

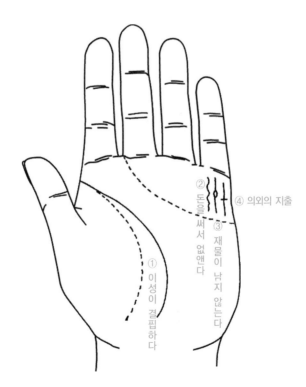

손 내미는 방식에서 재운을 알아본다

●

돈을 한번 손에 쥐면 죽어도 놓지 않는 사람, 돈을 손 사이로 줄줄 흘려 버리는 사람……. 손을 내미는 방식에서 그가 어떤 유형의 사람인지 알 수가 있다.

1) 손가락을 짝 벌리고 내미는 사람 — 성격이 낙관적이고 돈도 잘 번다. 큰 돈을 벌 기회가 한번 있을 것이다. 그러나 돈을 너무 낭비하여 남는 돈이 없다.

2) 다섯 손가락을 꼭 붙이고 내미는 사람 — 돈에 대한 애착이 다른 사람보다 훨씬 강하다. 매일 장부를 들여다보는 절약형이어서 절대 낭비가 없고 한푼 두푼씩 돈을 모으는 유형이다.

3) 엄지손가락만 벌리고 내미는 사람 — 계획을 짜서 착실하게 재산을 모으는 사람이다. 금전을 융통성 있게 잘 운용하며 낭비

하지도 않고 졸부처럼 행동하지도 않는다. 돈 복이 있는 사람
이다.

4) 새끼손가락만 벌린 채 손을 내미는 사람 — 새끼손가락을 사업
손가락이라고도 한다. 이 손가락을 벌리는 것은 사업에 있어서의
재능이 없음을 의미하며 횡재할 운수를 놓치게 된다.

5) 손가락을 앞쪽으로 굽혀서 내미는 사람 — 전형적인 수전노이
다. 비록 돈을 좀 모을 수는 있지만 다른 의미 있는 생활을 할 수
없어서 적적하게 인생을 보낸다.

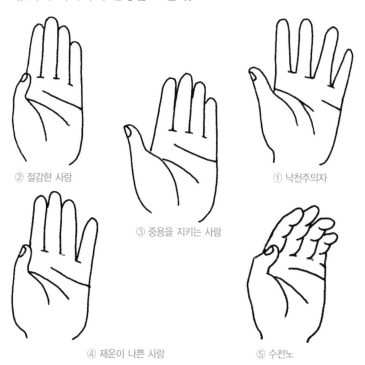

② 절감한 사랑

① 낙천주의자

③ 중용을 지키는 사람

④ 재운이 나쁜 사람

⑤ 수전노

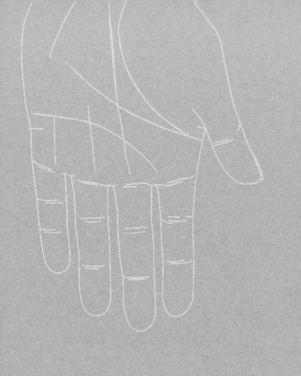

5장

성격운

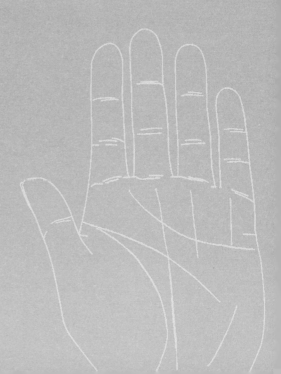

당신은
어떤 유형의
사람인가 ?

●

어떤 사람은 자신을 밝고 명랑하다고 생각하지만 그에게는 자신도 모르는 음흉한 일면이 잠재해 있고, 또 어떤 사람은 자신이 매우 너그럽다고 여기지만 그에게서 아주 강렬한 질투심을 찾아볼 수 있다. 이처럼 많은 사람들이 자신의 성격에 대해 그리 잘 파악하지 못하고 있는 것이다. 자신의 성격뿐만 아니라 별로 친하지 않은 사이라면 다른 사람의 성격도 역시 잘 알지 못한다.

남녀의 관계를 좋게 발전시키고 붙임성 있는 사람이 되기 위해 가장 중요한 것은 자신의 성격도 자세히 알고 상대방의 성격도 잘 알아야 한다. 그러나 그것은 결코 쉬운 일이 아니다. 대부분의 사람들이 상대방의 성격을 잘 파악하지 못해서 감정을 상하게 하거나 격노하게 만든다.

그러므로 손금을 통해 그의 성격을 알아보면 교제에 많은 도움을 줄 수 있을 것이다. 손금은 한 사람의 외적인 면과 내적인 면을 나타내기 때문에 그 사람을 자세하게 빨리 파악할 수 있다.

성격은 주로 지혜선과 감정선에서 나타난다. 이밖에 손가락에도 그 사람의 성격이 내포되어 있기 때문에 손가락 길이를 먼저 살펴 보는 것도 좋다.

조구만오
(朝九晚五)형의
손금

●

현재의 젊은이들 중에는 조구만오(아침 9시에 출근하여 저녁 5시에 퇴근하는)형의 회사 직원이 점차 적어지고 가정이나 오락, 기타 흥미를 만족시키는 일에 더 많은 시간을 활애하는 사람들이 점점 더 증가하고 있는 게 사실이다.

1) **곧고 짧은 지혜선** — 언행이 정중하고 성실하며 성질이 온순하여 사업이든 공부든 대단히 근면하지만 성적은 그다지 좋지 않다. 즉, 정직하지만 요령을 터득하지 못해 사업에 몰두함에도 불구하고 햇빛을 못 받다가 만년에야 두각이 나타난다. 붙임성이 적고 파티 등 사교 활동에 참석하기도 싫어한다.

2) **생명선의 중심점에서 궁형으로 뻗어오른 운명선** — 전형적인 조구만오형의 사람이다. 자나 깨나 사업밖에 모르는 사람으로 오락에는 도무지 흥미가 없고 또 놀 줄도 몰라 친구도 없고 동료들과 점점 멀어진다.

3) **지혜선에서 끝맺은 감정선** — 총명하고 이성이 있으며 상식도
풍부하다. 돈을 매우 중요시하여 결코 놀음에 낭비하지 않으며
언제나 사업이 연애와 놀음보다 더 의미가 크다고 여기며 자신의
생활 방식을 잘 선택한다.

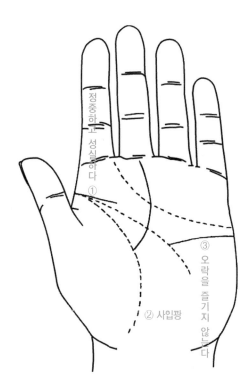

밤거리 유흥을 즐기는 손금

●

어느 회사에나 근무시간에는 풀이 죽어 있다가도 밤거리에만 나가면 활기를 되찾는 사람이 있다. 그들은 유흥을 즐긴다. 다른 사람과 동업할 때는 이런 손금을 가진 사람을 조심해야 한다.

1) 끊어졌다 이어지는 지혜선 — 이런 사람은 사업을 대충대충 처리하고 믿음성이 전혀 없으며 놀음이라면 활기를 되찾는 유형이다. 술, 담배, 도박 등 그 어느 것이든 즐기지 않는 것이 없으며 놀음이라면 돈을 절대로 아끼지 않는다. 누구보다 빨리 유행을 따르며 치장에 열중하므로 경망스러워 보인다.

2) 중도에 두 가닥으로 갈라져 월구에까지 뻗은 지혜선 — 언변이 뛰어나고 뒷말이 많으며 시비를 일으켜 화목을 깨뜨린다. 교제술이 뛰어나 어느 누구와도 열정적으로 어울리지만 모두가 겉치레일 뿐이고 깊은 우정은 없다.

3) 많은 지선이 위로 올려 뻗은 감정선 — 파티에 반드시 초청되는
명랑한 성격의 사람으로 모든 이들의 환영을 받는다.

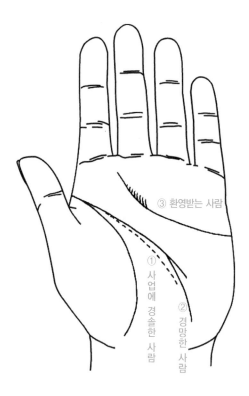

③ 환영받는 사람

① 사업에 경솔한 사람

② 경망한 사람

지도자가
될 손금

●

어떤 사람은 부지불식간에 사람들의 추대와 신임을 받는다. 이런 사람은 훌륭한 인격과 매력을 구비하고 있게 마련이다.

1) **목성구에서 월구 아래까지 뻗어나간 지혜선** — 지혜선이 식지 아래에서 시작하여 손바닥을 비스듬히 건너서 월구 아래까지 뻗어나갔다면 그는 많은 사람들의 존경을 한몸에 받는 지도자가 될 것이다. 두뇌가 민첩하고 활동력이 강하며 넓은 도량으로 남을 포용한다.

2) **기점에서부터 생명선과 분리하여 손바닥을 비스듬히 건너 지른 지혜선** — 성격이 시원스럽고 솔직하여 입바른 소리를 잘 한다. 속에 있는 말은 다하며 말한 뒤에는 뒤끝이 없다. 성질이 명랑하여 주위 사람들의 신망을 받는다.

3) 생명선이나 지혜선의 위쪽에 목성구로 향한 짧은 세로선이 있는 손금

— 이런 손금을 희망선이라 하는데 진취적인 성향이 매우 강하고 부단히 노력하는 손금이다. 정의감도 몹시 강하며 시비도 명확하고 지도력과 전체 직원을 단합시킬 수 있는 능력이 있다.

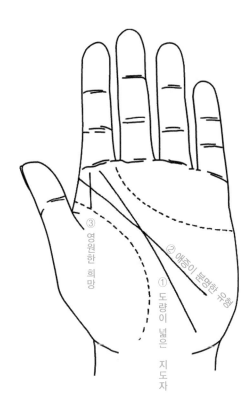

물불을 안 가리는
사람의 손금

●

어쩌다가 한번쯤 제멋대로 행동하는 것은 큰 문제가 되지 않지만 너무 지나치게 자신의 본분도 지키지 않고 함부로 행동한다면 친구와 배우자를 잃게 될 위험이 있다.

제멋대로 행동하는 습관이 자각할 수 없을 정도로 미약하다 해도 손금에는 뚜렷이 나타나 있다.

1) **손바닥을 느릿한 호도로 가로지른 감정선** — 어떤 아이들은 완구점을 지날 때 기어코 장난감을 사달라고 떼를 쓰곤 한다. 이런 아이는 성인이 된 후에도 제멋대로 행동하는 버릇을 고치지 못한다. 이는 이런 손금을 가진 사람들의 전형적인 성격이다. 물욕이 몹시 강하여 자기가 가지고 싶은 물건은 기어이 갖고야 마는 사람이다.

2) **출발점이 매우 낮은 감정선** ─ 출발점이 매우 낮다는 것은 수성
구는 넓고 제2 화성구가 좁다는 것을 뜻한다. 이 유형의 사람도
물욕이 보통 사람에 비해 강하고 자제력이 없으며 속이 좁아 다
른 사람을 포용하지 못하고 그 자리에서 반박하므로 주변 사람들
이 그를 감당하지 못한다.

3) **생명선에서 극히 멀리 떨어져 출발한 짧막한 지혜선** ─ 성질이
아주 급하고 자주 화를 내며 거친 욕을 내뱉고 주먹을 휘두른다.
인내력을 기르는 것이 가장 좋은 방법이다.

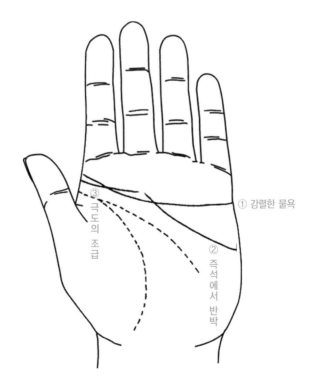

망상가의 손금

●

이런 손금을 가진 대부분의 사람들은 매우 신경질이어서 항상 여러 가지 일로 속을 태운다.

'모든 일은 시간이 지나면 잘 풀릴 거야'라는 긍정적이고 열정적인 마음으로 하루하루를 살아야 한다.

1) 출발점이 생명선의 아래쪽에 있거나 호선으로 손목까지 연장된 지혜선 — 이런 사람은 누군가가 자신에게 불만이 있어 항상 뒷말을 한다고 생각한다. 그리고 타인이 자기를 좋은 사람이라고 여겨 주기를 간절히 바란다. 그러면서 타인과 언쟁을 일삼고 나중에는 크게 후회를 한다. 뒤이어 자신이 또 혐오스러워진다. 이같은 악순환이 계속된다.

2) 출발점 근처에 섬 무늬가 있는 지혜선 — 매우 세심하고 감수성이 예민한 사람이다. 온종일 세세한 일에 신경을 쓰고 속을 태운다.

타인은 무심히 꺼낸 말이지만 그는 그 한마디 말 때문에 며칠 동안 기가 꺾여서 생활한다. 별것 아닌 문제에 끝까지 매달리곤 한다면 나중에는 정신병에 걸릴 수도 있다.

3) **여러 개의 가로선이 있는 생명선** — 생명선에 여러 개의 수직적인 가로선이 있다면 신경질뿐만 아니라 많은 압력도 계속 축적되고 있어 정신상 매우 피로하게 된다. 초조해 하지 말고 홀가분한 마음을 가지도록 노력해야 한다.

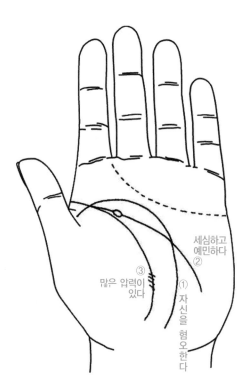

③
많은 압력이
있다

세심하고
예민하다
②

①
자신을 혐오한다

이중 인격자의
손금

●

누구에게나 겉치레적인 말과 속 말이 있을 수 있지만 만약 이중 인격자라면 다른 사람의 신임을 못 받는다. 욕망이 실현되지 못했을 때나 압력이 너무 크면 인격이 일치하지 못하는 원인이 되는 것이다.

1) 지혜선 · 감정선 · 생명선, 이 세 선이 한 점에서 출발했을 때
   — 가정 내에서는 제멋대로 행동하다가도 집을 나서면 남에게 몹시 비굴하고 아첨을 한다. 만약 너무 횡포하게 굴면 집안 사람들에게 버림을 당할 것이다.

2) 짧은 평행선을 가진 지혜선이 중단되었다가 급강하한 손금
   — 어제는 옳은 것이라 하고 오늘은 틀린 것이라고 하는, 즉 언행이 앞뒤가 서로 모순되고 신의가 없는 사람이다. 비록 악의적으로 그런 것은 아니라 해도 너무 이랬다 저랬다 하면 나중에는 신용을 잃고 만다.

3) **이중 감정선** ─ 이중의 감정선을 가진 사람은 성질과 생각하는 것도 이중이다. 움직임과 정지, 냉정함과 열정을 동시에 갖고 있기 때문에 매우 큰 매력을 갖는다. 감성이 풍부하고 또 아주 현실적이어서 모든 이의 사랑을 받는다.

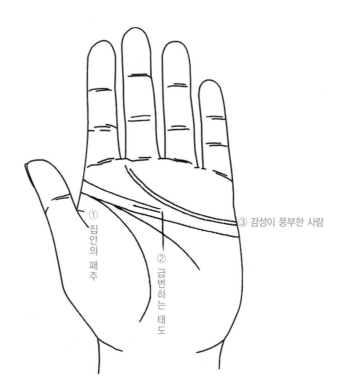

① 집안의 패주
② 급변하는 태도
③ 감성이 풍부한 사람

손가락을 통한
개성 알아보기

●

　손바닥의 모든 둔덕(구)이 저마다 부동한 의미를 갖고 있듯이 다섯 손가락도 저마다 다른 특질을 내포하고 있다. 특히 손가락은 타고난 정신을, 즉 성격을 나타낸다. 손가락이 길수록 그곳에 포함된 의미가 더 강하다.

　1) 엄지손가락 — 의지력과 인내력을 나타낸다. 엄지손가락이 길고 굵은 사람은 역경에 굴복하지 않으며 자신의 힘으로 운명을 개척해 나간다.

　2) 식지 — 지배력, 야심, 자존심을 나타낸다. 식지가 긴 사람은 자존심이 매우 강하다. 지배자 유형이다.

　3) 중지 — 자아와 경계심을 나타낸다. 중지가 긴 사람은 대부분 신경질적이며 쉽게 자승자박하는 사람이다.

4) **무명지** — 미에 대한 감각, 재주, 예술을 나타낸다. 남보다 한 층 더 높은 심미관이 있고 매우 로맨틱한 사람이다. 그리고 무명지가 긴 사람은 시합운이 매우 강하다.

5) **새끼손가락** — 사업 능력을 나타낸다. 새끼손가락이 길면 돈복이 많다. 그러나 기회를 놓치지 말고 잘 지켜야 한다.

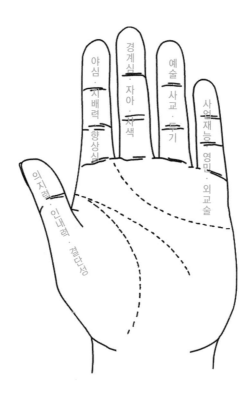

손에 잡히는 손금 해독의 기술

6장

직업운

자신의 성향(性向)을
알아본다

누구나 돈을 벌기 위해 직업을 원하고 그것에서 얻어지는 수입은 많으면 많을수록 좋아한다. 그러나 단지 돈만 벌기 위해 억척스럽게 산다면 이 세상은 얼마나 삭막하겠는가?

돈은 생활 유지에 필수적인 것이다. 그러나 자신이 하는 일에서 재미와 만족을 느낄 수 있다면 그 이상 더 좋은 일이 없을 것이다. 때문에 자신의 성질과 특색에 맞는 일자리를 구하는 것이 대단히 중요한 문제이다. 그러므로 아직 취직을 하지 않은 사람이나 현재의 직업에 만족하지 못하는 사람은 자신의 손금을 살피고 또 자신의 성향을 곰곰이 생각해 보아야 한다. 물론 손금을 보면 자신에게 알맞는 직업을 발견할 수는 있지만 취업이 순조롭게 될지는 알 수가 없다. 노력과 인내만이 그것을 좌우한다.

직업운을 점칠 때 가장 중요한 것은 지혜선, 즉 서양 사람들이 말하는 두뇌선이다. 이는 3대 주선 중에서 매우 중요한 지위를 차지한다. 이밖에 또 운명선, 태양선, 그리고 각 구에 있는 선들도 살펴야 한다.

사무직에
적합한 손금

●

대부분의 여성들이 종사하고 있는 직업이 바로 사무직이다. 그다지 중요하지 않은 것 같지만 문서정리와 사무 능력이 요구되는 중요한 직무이다. 만약 당신에게 이런 손금이 있다면 시시한 직업이라고 낙담하지 말고 그 경험을 바탕으로 우수한 인재가 되도록 노력하라.

1) 생명선의 중심에서 출발하여 하강한 지혜선 — 세심하게 일처리를 하여 조금도 소홀함이 없으므로 사무직에 알맞는다. 더군다나 두뇌가 영민하고 몸가짐도 민첩하여 비서 등으로 재능을 충분히 발휘할 수 있다.

2) 토성구에 있는 짧은 운명선 — 한번에 남의 주목을 끌지는 못해도 성실하고 착실한 태도는 사람들을 감동시킨다. 이런 사람은 겉치레가 없고 착실하게 일하는 타입이어서 사람들의 신임을 받는다. 뒤에서 도움을 주는 역할을 하는 직업에 적합하다. 즉, 일반 사무원이나 은행원 등에 알맞는다.

3) **짧고도 뚜렷한 태양선** ― 사무실에 이런 사람이 있으면 분위기가
   좋아지고 여러 사람의 기분을 고양시켜 준다. 그들은 부드럽고
   순해서 다른 사람이 하기 싫어하는 일들을 혼자 말없이 해낸다.
   생활 태도가 신중하고 예절도 밝기 때문에 상사의 사랑을 받는
   다. 그야말로 '회사의 꽃'인 것이다.

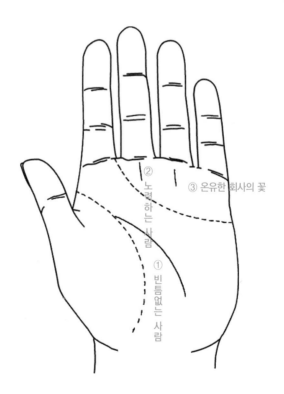

세일즈맨에게
적합한 손금

●

세일즈맨들은 교묘한 말솜씨와 한순간에 사람을 휘어잡는 능력을 갖고 있어야 한다. 거기에 인내와 끝까지 해내고야 말겠다는 불굴의 의지가 있어야 한다. 만약 아래의 손금 중 어느 하나를 가졌다면 당신은 훌륭한 세일즈맨이 될 수 있다.

1) 지혜선의 끝부분이 둘로 갈라져서 수성구로 뻗은 손금 ─ 이는 장사에 능숙할 손금이다. 만약 수성구가 살찌고 발달했으며 새끼 손가락까지 길다면 장차 횡재할 운수가 매우 크다.

2) 운명선이 두 가닥으로 갈라져 하나는 토성구로 다른 하나는 수성구로 향한 손금 ─ 이는 세일즈맨의 특성을 타고난 손금이다. 단기간에 뛰어난 능력을 발휘하여 자세하게 계산하고 돈을 목숨 같이 귀하게 여기는 유형에 속한다. 그러나 말솜씨가 좋고 묘한 설득력이 있으므로 사람들의 반감을 일으키지 않는다.

3) 호형으로 된 감정선의 끝이 세 갈래로 갈라진 손금 ― 매우 친절
　하게 사람을 대하고 분위기에 맞게 자연스레 리드를 할 줄 아는
　매우 세련된 세일즈맨이다.

이밖에 금성구가 발달한 사람은 판매에 능수능란하고 끝까지 해내
고야마는 정신이 있어 세일즈에 적합하다.

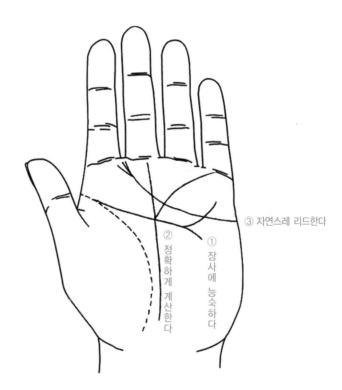

③ 자연스레 리드한다

② 정확하게 계산한다

① 장사에 능숙하다

기업가에
적합한 손금

●

지금은 누구든 자기 마음대로 창업할 수 있는 시대이다. 시대의 흐름을 잘 파악하고 역경에 굴복하지 않는 인내력만 있으면 사업가가 될 수 있다. 월급쟁이를 탈피하고 자립하고자 하는 사람은 자신의 손금을 살펴보기 바란다.

1) 운명선이 매우 또렷하고 그 선에서 태양선과 재운선이 갈라져 나온 손금 — 그야말로 대사업가가 될 수 있는 매우 강한 운수이다. 만약 태양선과 재운선까지도 강하고 또렷하다면 도와줄 귀인이 있어서 재산과 보물을 모으게 된다.

2) 지혜선이 곧게 손바닥을 가로 긋는 손금 — 이런 선은 돈을 모은다는 뜻에서 취재선(聚財線)이라고 한다. 큰 부자가 될 사람들이 이런 손금을 갖고 있다. 시대의 추세를 꿰뚫으며 자신의 사업과 연계할 줄 아는 탁월한 재능을 갖고 있으며 강렬하고 야심이 커서 독재적인 대자본가가 될 수 있다.

3) **이중 지혜선** ― 총명하고 예술 재능이 있으며 돈벌이에 더욱 능숙
   하다. 두 개의 사업을 동시에 운영하는 사람에게 이런 손금이 있다.
   아울러 두 가지 사업에서 모두 성공을 거둔다.

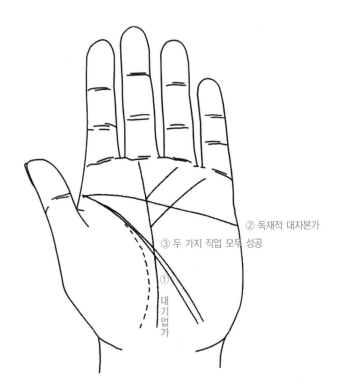

② 독재적 대자본가

③ 두 가지 직업 모두 성공

① 대기업가

교사나 연구원에 적합한 손금

●

교사나 연구원이 되려면 반드시 근면하고 열성적으로 일에 몰두하는 정신이 있어야 한다. 그리고 교사는 공정한 판단력과 정의감이 있으며 또 강렬한 애심도 있어야 한다. 특히 현재에는 이런 교사가 더욱더 필요하다.

1) 긴 지혜선 — 지혜선이 보통의 길이보다 더 긴 사람은 사고와 사무적인 분석에 능숙하고 학식도 풍부하며 탈선 행위가 없기 때문에 교육에 관계된 직업에 적당하다.

2) 생명선에 여러 가닥의 지선이 위쪽으로 올라붙은 손금 — 생명선의 오른쪽에 여러 줄의 지선이 올라붙은 사람은 뛰어난 정열의 소유자이다. 목표를 세운 후에는 좌절을 두려워하지 않고 열정을 다하는 훌륭한 연구원감이다.

3) 목성구에까지 연장된 감정선 — 교육은 사람을 상대로 하는 사업이므로 따사롭고 부드러우며 사랑이 있어야만 교사직에 적합하다. 이런 손금을 가진 사람은 남을 따뜻이 돌볼 줄 알며 사랑으로 학생을 대한다.

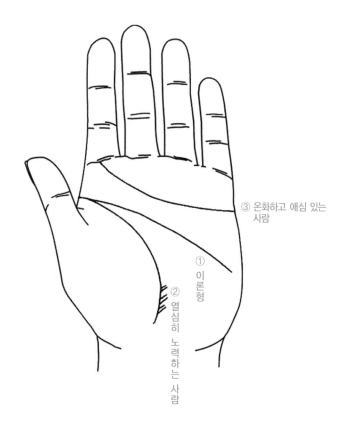

③ 온화하고 애심 있는 사람

① 이론형

② 열심히 노력하는 사람

연줄로
유지하는 직업에
적합한 손금

●

지금은 누구나 텔레비전에 나올 수 있는 시대라고 하지만 그 중에서도 개성이 독특하고 재능이 뛰어난 사람은 매우 적다. 당신이 만약 이런 손금을 가졌다면 당신의 매력은 매우 뛰어날 것이다. 당신이 유명 배우가 되는 일은 결코 몽상이 아닐 것이다.

1) 월구에서 **뻗어나온 태양선** — 태양선만 있어도 사람들에게 환영을 받을 수 있다. 만약 그 태양선이 월구에서 출발했으면 당신은 좋은 연줄을 타고난 사람이다. 당신에게는 사람을 끌어들이는 매력이 넘쳐서 주위 사람들이 힘껏 당신을 지지하게 된다. 연예인들이 대부분 이런 손금을 갖고 있다. 만약 이런 손금을 가진 사람이 식당이나 상점을 운영해도 성공할 수 있다.

2) 월구에서 **뻗어나간 운명선** — 이것 역시 연줄로 유지하는 직업에 종사하면 가장 좋을 손금이다. 당신이 계획한 대로 사업을 시

작만 하면 후원자가 나타나게 된다. 이런 손금에 위 1)의 손금을 겸하기만 하면 연줄에다가 재능까지 겸했으니 당신 주위에는 항상 박수 갈채가 넘칠 것이다.

3) 생명선에서 출발된 태양선 — 연예인들 중에는 오랫동안 빛을 보지 못하다가 시간이 흐른 후에야 겨우 성공하는 사람도 있다. 그들의 대부분이 이런 손금을 갖고 있다. 그러나 최초의 신념을 잊지 않는다면 끝내는 사람들의 사랑을 받게 된다.

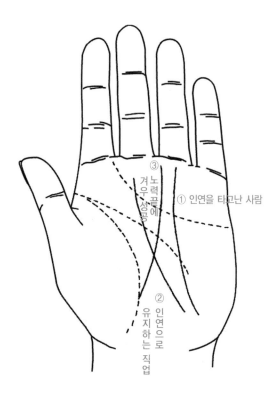

③ 노력 끝에 겨우 성공

① 인연을 타고난 사람

② 인연으로 유지하는 직업

방송인에
적합한 손금

●

대중의 환영을 받는 동시에 파란 곡절도 많은 직업이다. 그러므로 자신의 지혜선을 잘 살펴본 뒤에 이 직업에 종사할 것인지를 결정하는 게 좋다.

1) **기점이 생명선과 떨어져 있는 지혜선** — 유연성이 있고 두뇌가 영민하며 방송업계에서 순식간에 일어나는 큰 변화에도 적응해 낼 수 있다. 더욱이 시대의 흐름을 제때에 간파할 수 있기에 광고업이나 TV업계에 가장 적합하다. 비록 재능이 뛰어나다 할지라도 적수가 많이 생길 것이다. 하지만 세상에 완전무결한 일이 어디 있을까?

2) **기점이 목성구에 있는 지혜선** — 목성구는 지배와 명성을 의미한다. 기점이 목성구에 있다는 것은 야심만만하고 두각을 나타내려 하며 개성이 뚜렷한데다가 또 실천이 재빨라 언제나 타인 앞에서 소식을 발표하면서 계획을 실현한다.

3) 화성평원에서 생명선과 갈라져 나온 지혜선 — 이런 손금을 가진
   사람은 흥미와 사업을 잘 결합하기에 커다란 성공을 한다. 본디
   방송 업계는 분망하므로 건강이 무엇보다 중요하다. 다행이 이런
   손금을 가진 사람은 체력이 아주 좋다. 만약 사정을 잘 알아주는
   상사가 있고 손발이 잘 맞는 부하까지 있으면 대중이 우러러보는
   출중한 방송, TV 업계의 위대한 인물이 될 것이다.

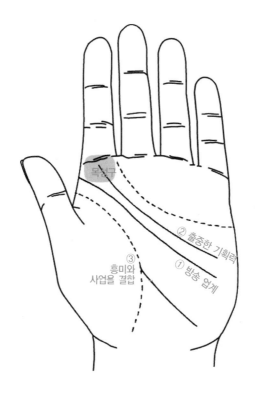

수리 계통에 적합한 손금

●

손가락이 긴 사람은 수리(數理) 재능이 있으며 이론파(理論派)에 속한다. 특히 새끼손가락이 길면 연구심이 왕성함을 나타내는 것으로 발명, 발견의 재능을 갖고 있다. 스스로 문과(文科)에 적합하다고 생각하는 사람들 중에도 의외로 이런 손금을 가진 사람이 있다.

1) **제2 화성구에로 뻗은 지혜선** ― 지혜선이 제2 화성구로 비스듬히 뻗은 사람은 로맨틱하고 창의성이 있는 사람이다. 만약 지혜선이 가로 뻗어 나갔다면 실무적인 사람이다. 물론 이들 중에는 의사와 문학가의 재능을 가진 사람도 있지만 이런 손금을 가진 사람의 대부분은 감정을 쉽게 나타내지 않으며 이성이 풍부하여 이론적으로 사물을 연구한다. 그렇기 때문에 수리 계통에서 그들의 능력을 발휘할 수 있다.

2) 토성구에서 끝이 세 가닥으로 갈라진 운명선 ─ 한평생 연구에
몰두하는 유형이다. 그의 진득하고 착실한 태도가 많은 사람들의
존경을 얻는다. 만년에는 후원자들의 추대 속에서 나날을 보내게
된다.

3) 수성구와 태양구에 있는 세로선이 서로 평행이 되는 손금 ─ 이는
향상심과 노력을 포기하지 않고 인간 세상에 이바지하려는 사람
이다. 의료 분야에 적합하다.

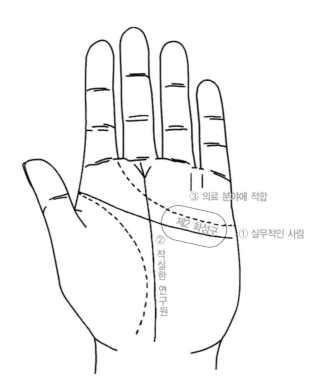

③ 의료 분야에 적합

제2 화성구

① 실무적인 사람

② 착실한 연구원

해외 사업에 적합한 손금

●

현재 해외에 거주하면서 일하는 사람들이 날로 증가하고 있다. 그러나 겉으로는 그럴듯해 보이지만 반드시 현지의 습관에 적응할 수 있어야 하고 자신의 의견을 충분히 나타낼 수 있도록 적극성도 갖추어야 한다. 물론 언어 구사력과 국제적인 시야도 넓혀야 한다.

1) **목성구에 여러 줄의 세로선이 있는 손금** — 이런 선을 향상선이라 하고 목표를 달성하기 위한 의지력과 지배력을 의미한다. 만약 이 선이 뚜렷하고 목성구도 살찌고 발달했다면 낯선 땅에서라도 열심히 사업할 수 있다.

2) **생명선에서부터 연장되어 나온 운명선** — 운명선이 생명선상에 있는 것은 지배력을 의미한다. 이 유형의 사람은 의지가 뛰어나 어떤 환경에서도 역경을 이겨내고 자신의 지위를 확고히 하는 사람이다. 독립심이 매우 강하고 외로움을 잘 견디며 독신으로도 훌륭히 지낼 수 있다. 무역회사에서 재능을 발휘할 수 있다.

3) 손목에서 출발하여 금성구를 거쳐 목성구에 이르는 손금

　　— 뛰어난 국제 의식을 갖추었고 언변이 좋다. 외교관, 스튜어디스

　등에 적합하다.

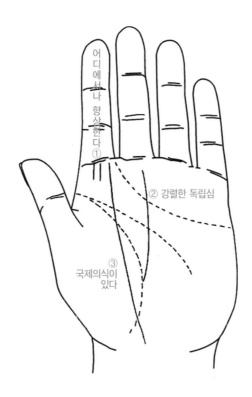

예술가에
적합한 손금

●

예술가는 작가, 시인, 가수, 연주가, 작곡가, 화가, 설계사, 연예인 등 무수히 많다. 이들의 공통점은 뛰어난 감성을 가지고 있으며 미(美)를 창조해 내는 것이다.

1) **월구에까지 뻗어나간 지혜선** — 예술가는 대부분 매우 뛰어난 능력이 있고 감성이 몹시 예민하며 사람들과 잘 어울리지 않고 가치관도 보통 사람과 다르다. 지혜선이 매우 길어 월구 아래에 까지 이른 사람은 대부분 예술가의 길을 걷게 된다. 지혜선이 몹시 길기에 매우 총명하고 사고가 깊으며 회가나 작가에 매우 적합하다.

2) **현저한 금성띠** — 보통 사람들은 여색을 좋아할 손금이라고 말하는 금성띠가 사실은 예술가의 손금인 것이다. 감성이 풍부하고 창작 능력이 우수한 사람들에게 이런 손금이 있다.

　지혜선을 보고 그 사람이 유명한 예술가인지 아니면 단순한 예술 애호가인지를 판단할 수도 있다. 그리고 금성띠가 뚜렷한 사람은 자신의 풍부한 감정을 예술 창작으로 승화할 수 있다. 이밖에 금성띠 자체가 아름다운 호도를 나타내고 있으면 예술가의 자질이 없을 수가 없다.

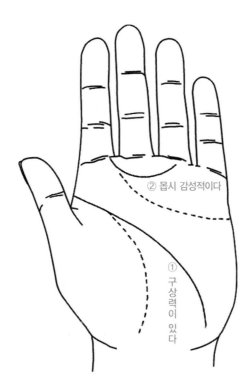

② 몹시 감성적이다

① 구상력이 있다

직업을 여러 번 바꾸는 손금

●

예전에 비하면 지금은 마음만 먹으면 직업을 바꿀 수 있다. 그러나 너무 경솔하게 바꾸지는 말아야 한다. 속담에 '구르는 돌에는 이끼기 안 생긴다' 고 했듯이 어떤 일이든 인내해야 한다.

1) **구불구불한 운명선** — 운명선은 없는 것보다 있는 편이 좀더 낫지만 구불구불하거나 끊어졌다 다시 이어지기를 반복한다면 주위를 기울여야 한다. 운명선이 가진 자아(自我)의 강도(强度)가 손금에도 다시 나타날 수 있어서 끝까지 해내고야 말겠다는 의식이 사라지게 된다. 즉, 동료들과 의가 맞지 않거나 상사와 언쟁을 하는 등 제맘내로 행농하다 보니 직업을 여러 번 옮기게 된다. 한 직장에 머물며 헌신해야 한다. 그러면 구불거렸던 손금도 정상적인 형태로 되돌아온다.

2) **끊어졌다 이어졌다 반복하는 태양선** — 태양선은 타인에게 받는 사랑과 신임의 정도를 나타낸다. 만약 끊어졌다 이어졌다 했으면 신임을 못 받고 일자리도 안정치 못함을 나타낸다. 그러므로 종종 한직으로 내몰리거나 일자리를 옮기게 되어 한 자리에 오래 머물지를 못한다.

3) **지혜선에 몇 줄의 선이 위로 올라간 손금** — 위로 올라간 손금은 대부분 좋은 뜻을 포함하고 있다. 그러나 이런 손금이 어떤 일이라도 유쾌하게 감당할 수 있는 사람의 손에 나타났을 때는 이 사람이 다방면의 재능을 갖고 있기 때문에 오히려 적합한 직업을 못 찾고 늘 일자리를 옮기게 되는 것이다.

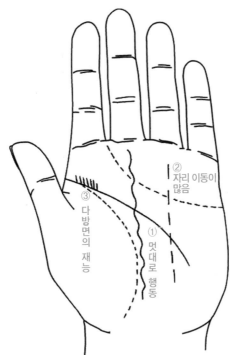

손 모양을 통해
성향을 알아본다

●

 손 모양을 통하여 자신에게 적합한 직업을 알아볼 수도 있다. 수상학에서는 손의 모양을 일곱 가지로 나눌 수 있다. 당신은 어느 유형에 속하는가?

 1) 첨두형(尖頭型) — 끝이 뾰족하며 길고 가는 손가락이 마치 흰 갈치처럼 생긴 손은 로맨틱한 개성을 나타낸다. 신체가 약하지는 않지만 체력을 필요로 하는 노동에는 적합하지 않으며 문서를 다루는 직업에 적합하다.

 2) 원추형(圓錐型) — 손가락의 밑부분이 굵고 손톱 부분은 가늘은 손가락으로 명랑함과 우수한 사교술을 나타낸다. 세일즈맨 등에 적합하다.

3) 현절형(弦節型) ― 뼈마디가 볼록한 손으로 강렬한 향학열을 나타 낸다. 고독을 즐기며 학자나 연구원이 적합하다.

4) 평탄형(平坦型) ― 손은 크고 평평하며 손가락 끝은 마치 숟가락 처럼 넓다. 학식이 풍부하고 독립심이 강하다. 교사직을 선택하면 운이 트인다.

5) 사각형(四角型) ― 사각형과 같은 손으로 현실적이고 노력형이 다. 사무직에 적합하다.

6) 원시형(原始型) ― 손가락이 굵고 짧은 커다란 손으로 성실하고 전념으로 일할 체력적인 일에 적합하다.

7) 혼합형(混合型) ― 각종 모양을 혼합한 손으로 다방면 손이라고 부른다. 그렇기 때문에 이런 손을 가진 사람은 색다른 것을 보면 그것에 마음이 쏠려 어떤 일에도 안착할 수가 없다. 평생을 바칠 수 있는 일을 빨리 찾아야 한다.

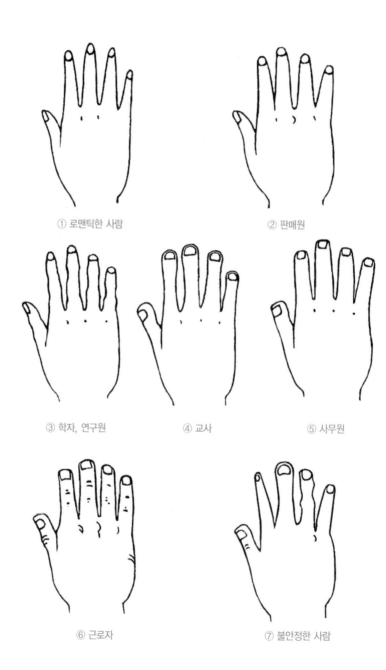

① 로맨틱한 사람　　　　　② 판매원

③ 학자, 연구원　　　④ 교사　　　⑤ 사무원

⑥ 근로자　　　　　⑦ 불안정한 사람

7장

건강운

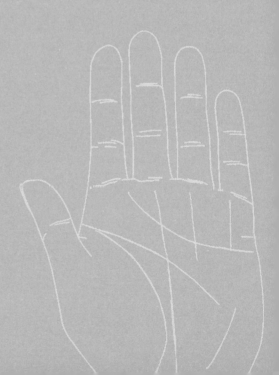

건강을 자신하는
사람은 위험하다

●

　현대인들 중에는 자신도 모른 채 병을 몸에 지니고 있는 사람이 많다. 이들은 스스로 튼튼하다고 자신하고 무절제한 생활을 하여 건강을 손상하고 있다. 이밖에 또 변비, 어깨 결림, 비만 등 많은 질병을 발견할 수 있다.

　손금은 신체의 건강 상태를 자세히 보여 준다. 비록 과학 기술을 이용하는 것만큼 정확하지는 않지만 당신이 병의 증세를 자각하기 전에 손금이 신체의 상황을 미리 알려주기 때문에 질병 예방에 많은 도움을 준다.

　건강운을 살필 때는 주로 생명선과 건강선을 본다. 특히 3대 손금 중의 하나인 생명선은 생명의 중요 표시이다. 그렇지만 생명선이 길다고 신체가 완전히 건강하다고는 할 수 없다. 다시 한 번 말하지만 손금은 종합직으로 관찰해야 힌다. 지혜선괴 감정선도 신체의 건강과 밀접한 관계를 가지고 있다. 각 구와 손톱도 건강 정보를 알려준다.

　대부분의 사람들은 생명선이 길면 장수하고 생명선이 짧으면 요절한다고 생각하고 있다.

건강한
사람의 손금

●

이 세상에는 남들이 부러워할 만큼 대단히 건강한 사람이 있다. 당신이 비록 지금은 이런 손금을 갖고 있지 않지만 적당한 몸 관리를 통해 생명선을 강하게 만들 수 있다.

1) 이중 생명선 — 활력선(活力線)이라고도 한다. 이 선은 생명선의 시작점 근처에서부터 시작하여 대체로 생명선과 평행선으로 연장되어 나간다. 강력한 생명선에 이 평행된 활력선까지 합치므로 출중하고 강한 생명력을 나타낸다. 질병이 접근할 수가 없다.

2) 활력선에서 상승하여 목성구로 뻗어나간 선 — 체력이나 정력이 모두 왕성하여 병이 도저히 접근하지 못한다.

3) 활력선에서 상승하여 운명선과 연결된 선 — 신체가 건강하고 정력이 넘쳐흘러 사업에 빨리 성공을 거둔다.

4) 길게 월구에까지 뻗어나간 생명선 ─ 생명선이 간혹 월구에까지
연장되는 때가 있다. 이럴 때 금성구가 차지하는 범위는 굉장히
넓어진다. 그리하여 생명력이 넘쳐흘러 신체는 매우 튼튼해진다.

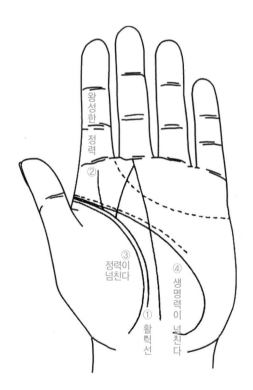

장수할 손금

●

뚜렷한 생명선은 장수의 상징이다. 이외에도 장수를 나타내는 다른 손금들도 있다. 만약 당신이 이런 손금을 가졌고 또 신체를 함부로 해하지만 않으면 오랫동안 장수할 수 있다.

1) 호도가 몹시 큰 생명선 — 생명선의 호도가 몹시 클 때는 금성구가 차지하는 범위도 매우 넓어진다. 금성구 역시 건강과 수명을 의미하므로 범위가 넓다는 것은 건강 상태가 매우 좋음을 상징한다. 만약 구와 선의 색깔까지 아름답다면 더욱 좋은 손금이다.

2) 출발점이 엄지손가락과 검지(식지) 중간에 있는 생명선 — 생명선에 중단된 곳이 없거나 문란하지 않으며 또 아름다운 호도가 나타났다면 이가 곧 건강을 증명하는 것이다. 그러므로 상당히 좋은 손금이다. 명랑하고 작은 일로 고민하는 일이 없는 천진난만한 사람이다.

3) 검지(식지)에서 시작된 생명선 — 금성구 위쪽 부위를 제1 화성
  구라 하는데 이 구 역시 정력과 활력을 나타낸다. 생명선의 출발
  점이 식지에 가까울수록 제1 화성구가 차지하는 면적도 넓어진
  다. 이런 사람은 정력이 왕성하고 활력이 넘치는 사람이다.

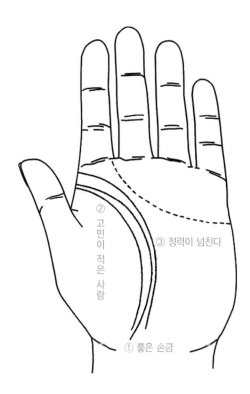

순환기 계통이
쇠약한 손금

순환기 계통의 중추는 심장(心臟)이다. 심(心)은 '마음 심' 자이다. 그러므로 감정선과 밀접한 관계가 있다. 신경이 안정되지 못해도 심장에 영향이 미친다.

1) 생명선에서 출발한 건강선 — 심장이 쇠약함을 나타낸다. 대부분 선천적인 체질이지만 후천적인 것도 있다.

2) 생명선을 가로 끊고 나간 건강선 — 내장 특히 순환기 계통의 기관에 장애가 있음을 나타낸다. 게다가 피로까지 누적되어 신체는 몹시 쇠약해져 있다. 그러므로 몸조리를 잘 해야 한다. 일단 증상이 자각되면 의사를 찾아 치료를 해야 한다.

3) 건강선과 감정선의 교차점이 붉은색을 띠었을 때 — 두 선이 교차되거나 섬 무늬를 이루었다면 이는 곧 이상이 있음을 의미한다.

게다가 만약 교차점에 붉은색까지 띠었다면 심장에 이상이 생긴 징조이다. 고혈압, 협심증 등에 걸릴 수도 있다. 질병이 더 진행되기 전에 대책을 잘 세워야 한다.

4) 감정선에 아래로 향한 세로선이 많이 생겼을 때 — 게다가 만약 감정선이 쇠사슬형이라면 심장비대증에 걸리기 쉽다.

5) 감정선에 검은 점이 생겼을 때 — 갑자기 치명적인 급성 심장병이 생기지 않도록 주의하라.

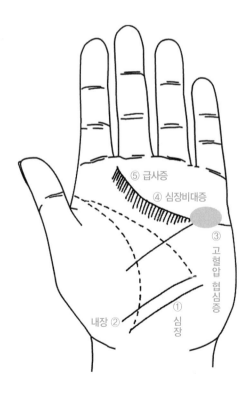

소화기관이 약한 손금

●

현재는 미식(美食)의 시대이다. 그러나 식사에 의해서도 건강을 해칠 수 있다. 그러므로 위장에게도 휴식할 시간을 주어야 한다.

1) 끊어졌다 이어지기를 반복하는 건강선 — 건강선이 여러 곳 중단된 사람은 소화기관이 매우 약하다. 폭음과 폭식을 피하고 절제된 생활을 하면 중단된 선이 다시 이어지므로 건강을 회복할 수 있다.

2) 생명선의 중간에 섬 무늬가 있을 때 — 압력과 영양 부족으로 인해 만성 위장병에 걸릴 수 있다. 병의 진행을 차단하려면 편식을 하지 말며 적당히 운동도 하고 피로가 누적되지 않게 해야 한다.

3) 생명선 끝의 지선이 금성구로 뻗었을 때 — 생명선 아래쪽에 지선이 생기고 지선의 끝이 금성구로 향했을 때는 체력이 감퇴되어

소화기관의 기능이 약해졌음을 나타낸다. 동시에 사고력도 점점 쇠퇴되어 사업이나 학습까지 정상적으로 할 수 없게 된다.

4) 목성구와 토성구 사이에 나타난 짧은 세로선 ― 이것 역시 소화 기관이 쇠약해져 있다는 신호이다. 빨리 조치를 취하면 짧은 세 로선은 사라진다.

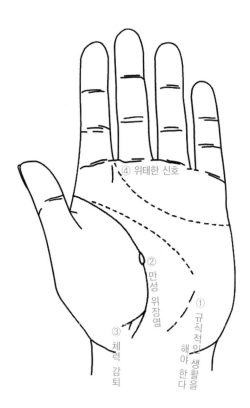

호흡기관이
약한 손금

●

공기 오염은 어제 오늘의 일이 아니다. 이렇듯 공기 오염에 무방비 상태로 놓여 있는 우리들의 신체, 그 중에 특히 폐와 목 부위에 영향을 미친다. 만약 손금에서 이런 신호를 발견했다면 미리 보양을 해야 한다.

1) 건강선 아래쪽에 섬 무늬가 있을 때 — 섬 무늬 속에 섬세한 여러 가지 선이 있으면 인후 동통을 나타내는 것이다.

2) 쇠사슬 모양의 건강선 — 여러 개의 섬 무늬가 이어져서 형성된 쇠사슬 모양의 건강선 역시 호흡기관의 쇠약함을 나타내는 것이다. 때로는 일상 생활조차 제대로 할 수 없게 만드는 질병으로 발전할 수 있으므로 각별히 주의해야 한다.

3) 건강선과 감정선의 교차점에 섬 무늬가 있을 때 — 몸조리를 잘 하지 않았거나 신체를 함부로 하여 감기에 걸림으로써 호흡기관이

쇠약해진다. 심각할 때에는 기관지, 폐, 늑막 등에 병을 초래하다. 이렇게 되면 치료도 매우 오래 걸린다. 이때는 휴양하면서 철저히 치료를 해야 한다.

4) **쇠사슬 모양의 지혜선** — 지혜선에 많은 섬 무늬가 생겨 쇠사슬 모양이 되었다면 폐에 이상이 생겼음을 나타내는 것이다. 게다가 만약 건강선과 생명선까지 문란해졌다면 병은 더욱 심해질 것이다.

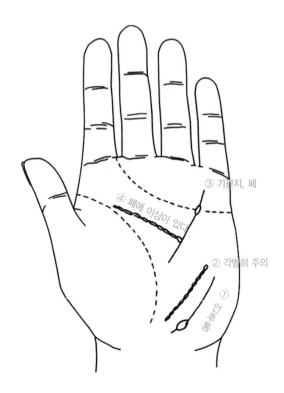

정신병에
걸릴 손금

●

사회는 갈수록 복잡해지고 피로의 누적으로 인해 정신 이상에 걸리는 사람이 많이 증가하고 있다. 만약 이대로 계속된다면 심각한 결과가 초래될 수 있기 때문에 일찍 조치를 취해야 한다.

1) 지혜선과의 교차점에 섬 무늬가 있는 건강선 — 만약 지혜선이 굵고 뚜렷하면 질병을 피할 수 있지만 지혜선이 약하고 구불구불하면 신경 계통의 질병에 주위를 기울여야 한다.

2) 끊어졌다 이어지기를 반복하는 지혜선 — 지혜선은 짧은데 비하여 감정선이 몹시 길다면 히스테리나 병적으로 화를 내고 마음이 무거운 현상이 일어난다. 또 사고로 뇌장애를 일으킬 위험성이 있으므로 조심하는 것이 좋다.

3) 쇠사슬 모양의 지혜선 ─ 압박감이 너무 누적되어 사업이나 학습을 할 수가 없게 되고 행동 또한 안정하지 못할 것이다.

4) 생명선 끝의 지선이 월구로 향했을 때 ─ 이 지선을 쇠약선이라 하는데 신경이 피로할 때면 쉽게 나타난다. 만약 쇠약한 선의 둘레에 회색이 보이면 신경쇠약이나 불면증을 초래할 수도 있다.

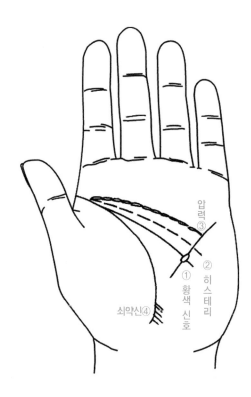

이염이나 눈병이
생길 손금

●

컴퓨터가 보급되면서부터 눈병을 앓는 사람들이 급증하고 있다. 이러한 눈병도 손금에 나타나 있다. 그러므로 손금을 자세히 살펴본다면 눈병도 충분히 예방할 수 있다.

1) 중간에 × 기호가 있는 건강선 — 건강선에 ×기호가 나타난 것은 시신경이 피로해져 있다는 증거이다. 이 기호가 크면 클수록 증세가 더 심한 것이므로 반드시 눈을 편안하게 해주는 녹색 환경에서 휴식을 취해야 한다. 오른손에 이런 현상이 생겼다면 왼쪽 눈을 앓게 되고, 왼쪽 손에 이런 현상이 생겼다면 오른쪽 눈에 질병이 생긴다.

2) 약지(무명지) 바로 아래쪽에 섬 무늬가 있는 지혜선 — 심장병이나 눈병이 생길 조짐이지만 심장병보다는 대부분 눈병이다.

3) 토성구에 섬세한 무늬가 있을 때 — 중지 아래쪽에 나타난 가는 선들은 중이염, 외이도염(外耳道炎)을 나타내는 것이다. 비록 일상생활에 영향을 주지는 않지만 치료에 오랜 시간이 걸린다. 이런 가는 선들이 태양구에 나타나면 백내장이나 결막염 등에 쉽게 걸린다.

이외에 토성구의 검은 점은 귓병을 암시하며 태양구의 검은 점은 눈병을 암시하는 것이다.

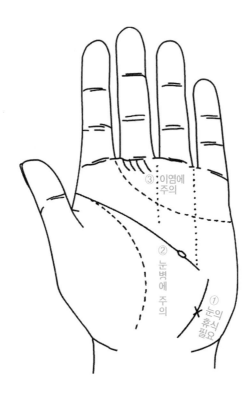

부인병에
걸릴 손금

●

여자의 신체는 매우 예민하다. 월구가 두드러지지 못하고 혈색이 나쁘면 자궁이나 난소에 병이 생겼음을 알리는 신호이므로 주의를 기울여야 한다.

1) **건강선의 위쪽 끝에 가는 선이 있을 때** — 건강선 위쪽에 ×기호나 작은 무늬들이 많으면 호르몬의 이상이나 생리불순을 나타내는 것이다. 만약 건강선에 검은 점이 나타나면 수술해야 할 정도로 병이 악화될 것이다.

2) **새끼손가락 아래쪽에 뚜렷한 궁형선이 있을 때** — 새끼손가락은 부인병과 밀접한 관계가 있다. 새끼손가락이 짧은 여인은 불임증에 걸리기 쉬우며 출산을 했다 하더라도 아이의 신체 역시 매우 연약하다. 새끼손가락이 굽었다면 자궁이나 난소에 이상이 있는 것이다. 어떤 여성은 새끼손가락 아래쪽에 뚜렷한 궁형선이 있는데 이는 부인병 중 가장 많은 증상, 즉 자궁 후굴(子宮後屈)이다.

3) 생명선의 섬 무늬에서 지선이 뻗어나와 월구에까지 연장되었을 때
　— 생명선에 섬 무늬가 있고 그 섬 무늬에서 나온 지선이 월구로 뻗어
　나갔고 월구에 격자 무늬가 생겼다면 자궁암이나 난소암의 전조
　이다.

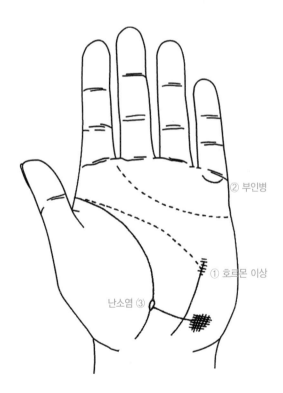

압박감이
누적된 손금

●

월구 아래쪽에 가로로 향한 궁형선이 있으면 그것을 방종선(放綜線)이라 한다. 압박감이 누적된 징조이다.

1) **짧은 방종선** — 생활이 극도로 불규칙적이어서 건강이 파괴된 것이다. 규칙적인 생활을 하고 잠을 충분히 자며 균형 잡힌 음식을 섭취하면 방종선이 사라질 것이다.

2) **생명선과 인접한 방종선** — 사업이나 공부에 대한 부담이 과중하여 압박감이 누적된 것이다. 만약 이런 선이 많으면 신경쇠약이나 정신병을 초래할 수 있으므로 충분히 휴양을 하고 건강이 회복되도록 노력해야 한다.

3) **방종선에 ×기호가 있을 때** — 외출이나 여행 계획이 있는 사람들은 특별히 주의를 기울여야 한다. 여행 도중에 부상이나 질병

이 생길 위험이 있으므로 여행을 취소하는 것이 가장 좋은 방법이다. 그래도 꼭 여행을 해야만 한다면 재난을 당하지 않도록 조심해야 한다.

4) 방종선에 섬 무늬가 있을 때 ─ 폭음이나 폭식, 또는 누적된 피로로 인해 병상에 누울 징조이다. 만약 주의를 기울이지 않는다면 내장의 질병을 초래할 것이다.

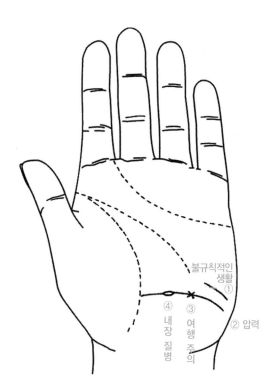

체질이
허약한 손금

●

특별한 병이 있는 것도 아닌데 몹시 허약한 사람들이 있다. 그것은 체질상의 문제이다. 그러므로 체질을 개선하면 몸도 좋아질 것이다. 아래와 같은 손금을 가진 사람들은 미래를 위하여 건강해지도록 노력해야 한다.

1) 생명선의 끝에 여러 줄의 지선이 있을 때 — 무슨 일을 하든지 쉽게 지쳐서 몸을 제대로 지탱하지 못하고 자주 신경질을 내며 무의미한 고민에 빠져든다. 마음을 너그럽게 가지고 낙관적으로 생각하라.

2) 생명선의 끝 양쪽에 하강한 지선이 있을 때 — 선천적으로 신체가 건강치 못하고 저항력도 약한데다 만년이 되니 질병이 떠나지를 않는다. 규칙적인 생활과 균형 잡인 음식을 먹는 것이 보약보다 훨씬 낫다.

3) 쇠사슬 모양의 생명선 — 호도가 크지 못한 생명선이나 쇠사슬 모양의 생명선은 모두 몸이 허약한 것을 의미한다. 힘겨운 육체 노동을 삼가라. 성적인 능력도 매우 허약하며 생활에 장력(張力)이 부족하다.

4) 손바닥에 나타난 섬세한 가로선 — 엄지손가락의 밑부분에서 부터 손바닥의 중앙을 향해 뻗어나간 작은 무늬들은 건강 상태가 좋지 않음을 나타내는 것이다.

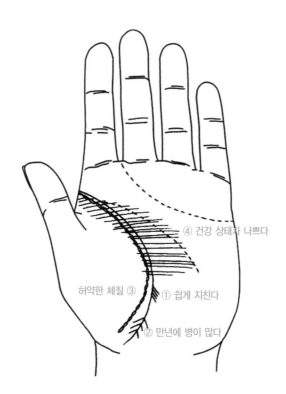

④ 건강 상태가 나쁘다

허약한 체질 ③   ① 쉽게 지친다

② 만년에 병이 많다

급성병에
걸릴 손금

●

　과도한 육체 노동과 일년 내내 누적된 피로 때문에 갑자기 큰 병에 걸려 눕고마는 사람들이 날로 증가하고 있다. 종종 발견된다 해도 이미 시기를 놓쳐 완쾌될 수 없을 때가 더 많으므로 손금을 자세히 살펴 위험 신호를 알아채야 한다.

　1) 건강선에 반점이 있을 때 ─ 건강선에 검은색 반점이 나타나면 내장에 급성병이 생길 징조이다. 만약 반점이 여러 개라면 수술을 해야만 하는 중병이 생길 징조이므로 각별히 주의해야 한다.

　2) 중단된 생명선 ─ 중단된 곳은 급성 중병을 나타낸다. 길게 끊어졌을수록 병이 깊고 치료 기간도 오래 걸린다. 만약 양손에 모두 이런 손금이 생겼으면 생명이 위태로울 수도 있으므로 그전에 미리 예방과 치료를 해야 한다.

3) 생명선이 중단된 곳에 네모 모양의 무늬가 있을 때 — 치명적인 질병이라 하더라도 오직 네모 모양의 무늬가 끊겨진 생명선을 둘러쌌다면 당신은 죽음을 면하게 될 것이다.

4) 굵고 짧은 가로선이 있는 생명선 — 횡단선이 굵고 뚜렷할 때는 갑자기 큰 병이 생길 징조이다.

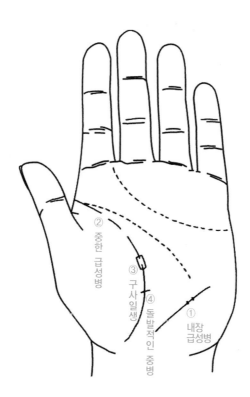

부상이나 재난을
당하게 될 손금

우리는 일생 동안 수많은 뜻밖의 사건에 부딪히며 살고 있다. 예를 들면 교통사고를 당하거나 지진, 천둥, 화재, 절도 등의 재난을 당하기도 한다. 손금을 보면 이런 의외의 재난들을 미리 예견할 수 있다.

1) **×자 기호가 있는 지혜선** — 지혜선이 도중에 중단되거나 ×자 기호가 있는 사람은 매우 쉽게 사고를 당하게 된다. 이런 손금이 나타났다면 차를 운전할 때 각별히 신경을 써야 한다.

2) **토성구에 나타난 섬 무늬에서 내려간 선이 생명선을 끊고 지나갔을 때** — 생명선이 끊겨진 그곳이 나타내는 나이에 치명적인 중상을 입을 수 있다(그 손금의 나이를 계산하는 방법은 '개운기'를 참고하라).

3) 생명선의 끝에 있는 ✕자 기호 — 생명선이 ✕자 기호에게 혹은
   가로선에 의해 끊겼다면 뜻밖의 부상을 당하거나 돌발 사고를 당
   하게 된다.

4) 별 모양이나 +자 무늬가 있는 생명선 — 갑작스런 충격을 나타
   낸다. 부상이나 화상, 또는 전염병에 걸릴 수 있다. 응급 처치를
   하면 큰 재난은 피할 수 있다.

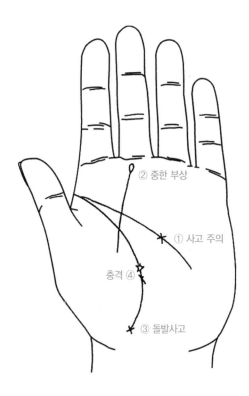

손톱의 모양으로
보는 운

●

고대 그리스 시대부터 사람들은 손톱을 연구하기 시작했다고 한다. 손톱도 매일매일 변하여 그 사람의 건강 상태를 알려주고 있다. 먼저 손톱의 모양부터 살펴보자.

1) 보통 크기의 손톱 — 손톱의 길이와 너비의 비례는 4 : 3이며 손가락 마지막 마디의 절반 부위에 자리잡고 있다. 만약 분홍색을 띠고 손톱도 단단하면 신체가 매우 건강함을 나타낸다.

2) 크고 긴 손톱 — 손마디를 거의 다 덮을 듯한 손톱으로 매우 신경질적인 사람이다. 호흡기 계통의 질병에 주의해야 한다.

3) 작고 짧은 손톱 — 심장, 혈압, 하반신에 질병이 있음을 나타낸다.

4) 좀 넓직한 손톱 — 심장, 혈압 방면의 질병에 주의해야 한다.

5) 역삼각형 모양의 손톱 — 체질이 허약하고 빈혈증에 쉽게 걸리며 저항력도 약하다.

6) 삼각형 모양의 손톱 — 인후나 위장이 약하며 일단 감기에 걸리기만 하면 오랫동안 낫지 않는다.

7) 숟가락 모양의 손톱 — 호흡기가 좋지 못할 수 있다.

8) 위로 올라간 손톱 — 동맥경화를 주의하고 편식 때문에 영양 상태가 좋지 못할 수도 있다.

9) 길고 좁은 손톱 — 척추, 골격 등 골격병에 쉽게 걸린다.

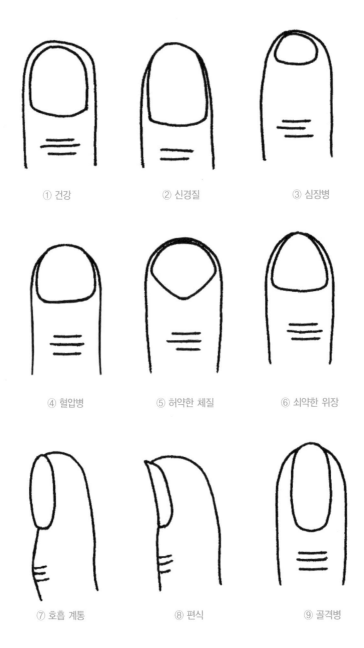

① 건강   ② 신경질   ③ 심장병

④ 혈압병   ⑤ 허약한 체질   ⑥ 쇠약한 위장

⑦ 호흡 계통   ⑧ 편식   ⑨ 골격병

손톱의 색깔이나
표면으로 보는 운

●

손톱의 색깔과 표면으로도 건강 상태를 알 수 있다. 그러므로 손톱을 자주 살펴보고 건강에 유의해야 한다.

1) 세로선이 있는 손톱 — 피로가 누적되어 신경쇠약에 걸릴 징조 이다.

2) 가로선 무늬가 있는 손톱 — 손톱 표면에 가로선의 깊은 골이 나면 탈항이나 치질이 걸리기 쉽다.

3) 꺼져 들어간 손톱 — 압박감이 누적되어 심신의 균형을 잃게 된다.

4) 흑백이 있는 손톱 — 칼슘이 부족하고 장기간 피로하다. 영양을 보충해야 한다.

5) 반원형이 있는 손톱 — 손톱 밑부분에 흰색의 반원형이 손톱
   전체 길이의 5분의 1을 차지하는 것이 표준이다. 다섯손가락에
   모두 흰색 반원형이 있는 사람은 매우 건강한 사람이다.
   반원형이 커서 대부분의 손톱을 차지하고 있다면 심장병에 주의
   해야 한다. 반원형이 전혀 없는 사람은 혈액순환이 잘 되지 않거나
   손발이 잘 차지고 또는 빈혈에 걸릴 수도 있다.

6) 분홍색 손톱 — 분홍색을 띠고 윤기가 있는 손톱은 건강하다는
   신호이다.

7) 붉은색 손톱 — 고혈압이나 뇌일혈에 걸릴 수 있다.

8) 황색 손톱 — 간장 계통에 이상이 있다.

9) 창백한 손톱 — 체질이 허약하고 비타민이 부족하여 원기가 없다.

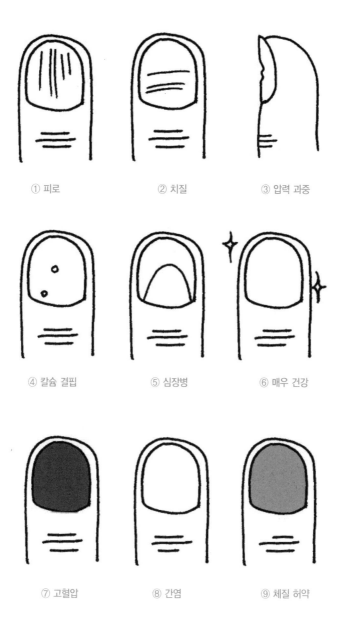

① 피로　　　② 치질　　　③ 압력 과중

④ 칼슘 결핍　　　⑤ 심장병　　　⑥ 매우 건강

⑦ 고혈압　　　⑧ 간염　　　⑨ 체질 허약

8장

종합운

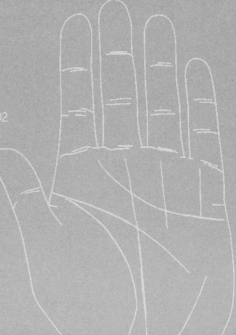

운이 대단히
좋은 손금

●

아래의 그림과 같은 손금을 가졌다면 운수가 대단히 좋은 사람이다. 이런 사람들은 손이 매우 두텁고 각 구도 발달하여 두드러지며 세로선도 매우 뚜렷하다.

1) **굵고 깊숙한 생명선** — 정력이 왕성함을 나타낸다. 강렬한 지배력이 있다.

2) **곧고 뚜렷한 운명선** — 정력이 있고 지배자 유형이지만 너무 자신해서는 안 된다.

3) **길고 뚜렷한 태양선** — 좋은 평판과 명성에 의해 성공할 손금이다. 이런 손금을 가진 사람과 가깝게 지내는 것도 좋다.

4), 5), 6), 7) 모두 대길할 손금이다. 이중의 한두 가지만 있어도 행운이다.

4) 재운선으로 선이 한 줄이고 또 매우 길면 좋다.

5) 희망선이라 하는데 어떤 일에 부딪혀도 위축되지 않으며 적극적 이고 열심히 일을 할 손금이다.

6) 매우 보기 드문 대길할 손금이다. 어떤 일을 해도 모두 순조로우 며 또 지배인이 될 손금이다.

7) 상업적인 재능이 대단한 손금이다. 평생 동안 부유하게 살아갈 운수이다.

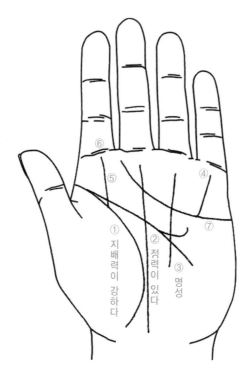

생명선으로
보는 운

●

지금부터 연속적으로 제기되는 생명선이나 운명선, 지혜선, 감정선, 이 기본적인 4대 선이 한 사람의 성격과 운수를 60% 내지 80%를 좌지우지한다. 아래에 가장 대표적인 예를 들어 보겠다.

1) 가장 좋은 운 ― 선이 굵고 뚜렷하며 손바닥 가운데까지 뻗어 나간 생명선은 성질이 견강(堅剛)하고 자질구레한 일에 세세하게 신경 쓰지 않으며 왕성한 정력의 소유자로서 역경에 부딪히더라 도 위축되지 않고 전진하는 강력한 운을 가지고 있다.

2) 섬세하고 끊어졌다 이어지는 생명선 ― 위험을 나타낸다. 이밖 에 생명선에 섬 무늬가 있는 사람은 그 시기에 건강을 잃게 될 수 도 있으므로 각별히 주의해야 한다. 그러나 끊어졌다 이어진 선 곁에 다른 선이 있으면 이런 문제가 없어진다.

3) **만년에 주의를 하라** ― 환경 오염 등의 문제로 건강 상태가 갈수록 나빠진다. 그러므로 젊었을 때부터 절도 있게 생활을 하라.

4) **피로 누적** ― 이런 손금은 피로가 누적되어 심신이 나빠질 것이다. 외출이나 여행을 하여 심신에 활력을 주고 휴식을 취해야 한다.

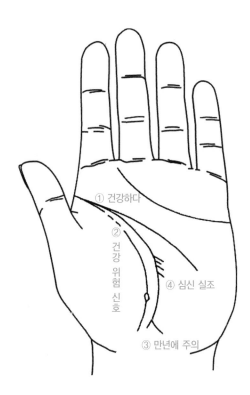

운명선으로
보는 운

●

운명선이 굵고 길면 좋은 손금이다. 그렇지만 이런 손금을 가진 사람을 매우 드물다. 아래에 네 가지 운수를 소개한다.

1) 흠 잡을 곳 없이 길한 손금 ― 명석하고 노력만 하면 성과를 얻는 누구나 부러워할 운수이다. 원대한 이상이 불타고 박력적으로 일하는 사람이다.

2) 주위 사람들의 협조를 받을 손금 ― 부모나 형제, 조부모, 처갓집 등의 도움을 받아 가업을 세우고 또 부동산까지 얻게 된다. 이런 사람은 친척과 친밀히 지내야 한다.

3) 도움을 받을 손금 ― 친구나 동료의 협조와 후원을 받아 좋은 운수가 트이는 복이 있는 사람이다. 어떤 일을 하더라도 매우 순조롭고 주위 사람들의 도움을 받게 된다. 이런 사람들이 운이 트이는

비결은 좋은 연줄을 아끼며 보살피는 것이다.

4) 중단된 운명선 — 이 시기(그림에서는 32세 전후)는 전직이나 결혼할 시기이므로 놓쳐서는 안 된다. 그러나 끊어졌다 이어지는 선은 의지력이 약함을 나타낸다.

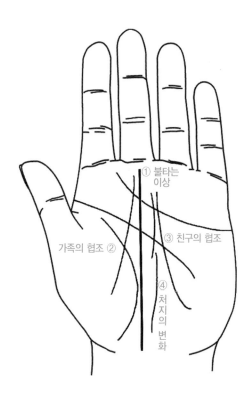

① 불타는 이상

③ 친구의 협조

가족의 협조 ②

④ 처지의 변화

지혜선으로
보는 성격

●

지혜선은 그 사람의 성격과 본질을 나타낸다. 이 선이 감정선에 가까울수록 현실주의적이며 치밀하게 계산하고 사물에 대하여 이론적인 분석을 한다. 지혜선이 내려가 생명선에 가까워지면 로맨틱을 나타내고 문학과 종교를 즐기며 항상 환상에 빠져든다.

1) 표준형 — 생명선과 지혜선의 출발점이 같을 때는 상식이 풍부하고 균형감각이 매우 뛰어나다. 그러나 약간이라도 지나치면 무미건조함을 느낀다.

2) 중단된 것 — 까닭없이 늘 불안해서 마음이 안정될 때가 없고 종종 불평이 많은 사람으로 변한다.

3) 지혜선이 아래로 내려간 것 — 소설을 즐기고 몽상하기를 좋아하며 자기 세계에서 벗어날 줄 모른다. 이과(理科)와 수학 성적이 형편없다.

4) **대담한 유형** ― 사람을 놀래키는 행동을 자주 한다. 그림과 같이 지혜선이 생명선 위쪽에서 출발하여 감정선에 가깝게 뻗었다면 사람됨과 일처리가 사리에 맞으며 부단한 향상심을 가진 사람이다.

5) **분지선이 위로 올라간 것** ― 지혜선의 끝이 두 줄로 갈라지고 그 중 하나가 위로 향하였다면 사업에 있어서 능력을 발휘할 사람이다.

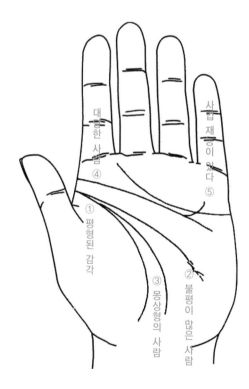

감정선으로
보는 성격

●

감정선은 한 사람의 감정이 풍부한지 혹은 냉정한지, 어떤 애정이 생길 수 있는지 등을 보여 주는 손금이다.

1) 평형감이 있다 ─ 표준형 손금이다. 한눈에 사랑에 매혹되지도 않고 반목하여 원수처럼 되지도 않는 감정이 균형 잡힌 사람이다.

2) 감정선이 매우 길다 ─ 감수성이 매우 강하고 감정도 풍부하며 온화하고 너그러워 남을 포용하는 사람이다. 때로 조심성이 지나치고 우유부단하여 혼란을 초래하는 것이 아쉬운 점이다.
그림에서처럼 감정선의 끝이 갈라지고 그 중 하나가 아래로 향했을 때는 여성 문제를 조심하라.

3) 감정선이 중첩되다 ─ 감수성이 풍부하여 때로는 번뇌에 빠지기도 하지만 예술적 감각이 매우 우수하다. 서로의 감정을 소중히

여기기에 사람들의 사랑을 받는다 그러나 지선이 아래로 향했을 때는 성욕이 강렬함을 나타낸다. 하지만 애정은 깊지 못하다.

4) **현실적인 사람** ─ 감정선이 짧은 사람은 냉랭한 감을 준다. 아주 현실적이어서 자기에게 이익을 주는 일이라면 물불을 안 가리고 달려들지만 남을 돕는 일에는 잘 참여하지 않는다. 즉, 자기 중심적인 사람이다.

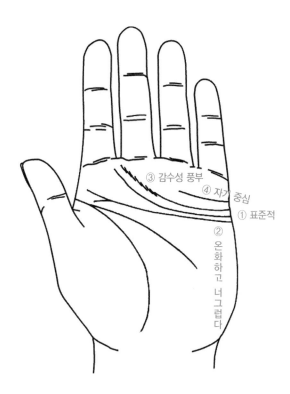

개운기
1

●

'우리는 일생 동안 크고 좋은 운수를 세 번 만난다. 그것을 포착하면 곧 성공한다.' 이런 이야기를 당신도 들은 적이 있을 것이다. 손금에 서는 대체로 이런 시기, 즉 개운기를 알아낼 수 있다.

개운기를 관찰하는 방법은 두 가지가 있다.

첫째, 생명선에서 뻗은 세로선을 관찰하는 방법이다.

둘째, 운명선의 지선을 살펴보는 방법이 있다.

먼저 첫째 방법, 즉 생명선의 관찰법을 소개한다.

연령 계산법은 생명선 전체 길이의 2분의 1이 되는 점이 40세, 식지 부근 너비와 동일한 거리의 점이 20세, 이상 두 점의 절반 되는 점이 30세⋯⋯.

그림을 참고하면 보다 정확히 알 수 있다. 이 계산법은 단지 평균적인 계산법일 뿐이다. 사람에 따라 약간의 차이가 있을 수 있다.

1) 25살 때 — 마음속에 생각이 떠올라 노력끝에 행운을 잡게 된다.

2) 32살 때 — 승진하거나 주위 환경의 변화로 운수가 좋아진다.

3) 40살 때 — 재운이 매우 좋다. 또 어진 아내를 얻어 벼락 출세를 하게 된다.

4) 52살 때 — 좋은 직위에 오르거나 자립하여 운수가 좋아진다.

개운을 살필 때는 종합적으로 관찰을 해야 한다. 그렇지만 그의 기본적인 원칙은 이 몇 가지에 지나지 않는다.

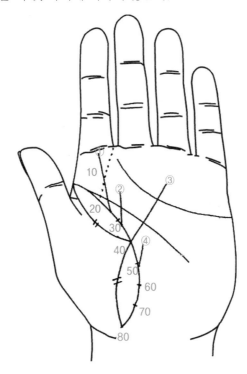

개운기
2

●

이어서 두 번째 방법, 즉 운명선의 지선에서 표현되는 개운기를 관찰하는 방법을 소개한다.

연령 계산법은 그림과 같다. 즉, 손목에서부터 중지 부근 거리의 2분의 1이 되는 점이 30세, 지혜선과의 교차점이 35세, 감정선과의 교차점이 55세, 30세의 점과 손목 기점 사이 2분의 1 지점이 20세이다. 태양선을 관찰할 때도 방법은 이와 똑같다. 그림을 살펴보라.

1) **20세와 30세 사이에 있다** — 대략 23세 가량의 위치에 뚜렷한 선 하나가 태양구로 향하고 있다. 이는 당신이 두 번째 사업을 향해 도전하며 그 사업이 순조로움을 암시한다. 또는 이 해에 결혼을 한다면 운수가 좋아짐을 암시한다.

2) 35살 때 — 직위 변동이나 새로운 사업에 종사하여 행운을 얻게
   된다. 미혼이라면 이 해에 결혼할 수 있다

3) 35세의 점 — 이 선은 성공의 전조가 아주 뚜렷하다. 호평과
   명성을 의미한다.

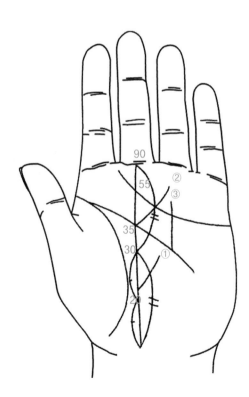

여행
운수의 손금

●

현재는 누구나 유쾌하게 여행을 할 수 있는 시대이다. 그러나 여행 도중에 사고나 불행을 당해 신문에 종종 실리기도 한다. 뜻밖에 닥치는 불행을 피하기 위하여 여행 전에는 반드시 손금을 살펴보라.

1) **작고 갈라진 여행선** ― 생명선이 손목 근처에 와서 두 가닥으로 작게 갈라진 선을 여행선이라 한다. 이런 선이 나타나면 가까운 날에 여행을 하거나 출장 갈 일이 생길 것이다. 이 때를 잘 이용하면 생활이 완전히 바뀔 수 있다.

2) **월구에서 출발한 가로선** ― 월구에서 출발하여 손바닥 중앙을 향해 뻗은 가로선으로 역시 여행선의 일종이다. 가까운 날에 여행의 기회가 있음을 나타낸다. 만약 이 선이 손목을 향해 둥근 모양으로 뻗었다면 여행 중에 사고가 생긴다. 그러나 이 선에 네모꼴 무늬가 나타나면 도중에 재난이 생기지만 무사히 여행을 마칠 수 있다.

3) 섬 무늬가 있는 여행선 ─ 1)이나 2)의 여행선에 섬 무늬가 생겼
으면 여행 도중에 어떤 분쟁에 휘말린다.

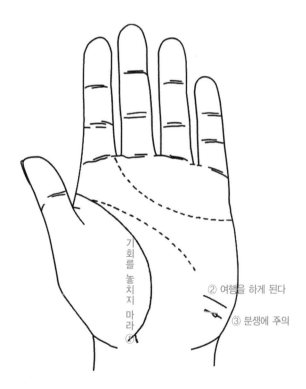

해외 생활을
할 운

●

해외 여행을 이삼 주 동안 하는 것은 매우 유쾌한 일이지만 장기간 유학이나 출장을 가는 것은 그리 유쾌한 일이 아니다. 언어와 습관이 다른 나라에서 혼자 사업이나 공부를 하자면 큰 압박감을 이겨내야만 한다. 그러나 아래의 손금을 가진 사람이라면 아무 걱정하지 않아도 된다. 그 어떤 곳에서라도 굳세게 살아갈 수 있을 것이다.

1) 분지선이 매우 큰 여행선 — 생명선 전단(前端)이 커다랗게 두 가 닥으로 갈라졌으면 장기적인 여행을 나타낸다. 즉 유학, 해외 취 직, 이민 등 적어도 한 달 이상 고향을 떠나게 된다. 유학이나 전 직 때문에 속태우던 사람에게 이런 손금이 나타났다거나 섬 무늬 등 이상한 상황이 없으면 여행을 떠나는 것도 좋다.

2) 생명선에서 월구로 뻗은 지선 — 모험심이 강렬한 행동파이다. 때문에 이런 손금을 가진 사람은 고향을 떠나 머나먼 타향에서도

독립적으로 생활할 수 있다. 그곳이 국내일 수도 있고 타국일 수도 있다. 만약 손금이 문란하지만 않으면 금의환향(錦衣還鄕)할 것이다.

3) 생명선 아래에 동일한 호형의 선 — 이런 손금을 가진 사람은 두 곳 이상의 생활 터전을 가지고 있어서 국내와 국외에서 동시에 활동할 수 있다.

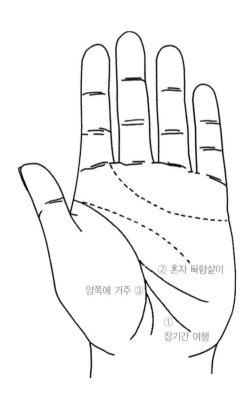

영감도(靈感度)를 알아본다

●

언젠가 손을 대지 않은 채 쳐다보는 것만으로도 숟가락을 굽어지게 하는 초능력이 유행한 적이 있다. 이처럼 신비한 초능력은 시간과 장소를 불문하고 항상 주목을 받기 마련이다.

아마도 우리의 눈에 보이지 않는 신비로운 힘이 세인의 흥미를 불러 일으키는 모양이다. 여러분도 자신에게 그런 신비한 힘이나 영감(靈感)이 없는지 알고 싶을 것이다. 만약 아래와 같은 손금이 있으면 당신도 어떤 신비스런 힘을 갖고 있음을 나타내는 것이다.

1) 감정선과 지혜선을 이은 가로선이 운명선과 만나 十자를 이룰 때
   — 이런 손금을 '신비한 십자문'이라고 한다. 이런 손금을 가진 사람은 마음이 경건하고 신비한 힘을 갖고 있으며 또 매우 좋은 운수, 즉 사고를 당하더라도 혼자 재화를 피하는 힘을 갖고 있다. 그것은 평상시에 마음이 경건히 가졌던 결과이며 조상의 은덕과 보살핌을 받은 행운아인 것이다.

2) 엄지손가락 첫번째 관절에 눈 모양의 선이 있을 때 — 이런 손금을 '불안(佛眼)'이라고 한다. 예로부터 이런 손금을 가진 사람은 영감이나 신비한 힘이 있다고 생각했다. 이런 사람과 맞섰을 때 그는 당신의 모든 것을 꿰뚫어 볼 수 있으므로 주의해야 한다.

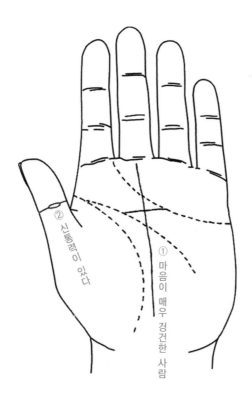

잔금이 많거나
적은 손

●

한 사람의 용모와 성격만을 보고 그를 정확히 판단할 수는 없다. 문득 보기에 오관이 섬세하고 매우 신경질적인 것처럼 보이지만 그의 손금을 보고 나서야 잔금이 아주 적은, 대담하고 명랑하며 활발한 사람임을 알게 된다.

체력으로 승부를 가리는 운동 선수들도 대부분이 손에 잔금이 적다. 그들은 활동하기를 즐기며 방 안에 갇혀 있는 것을 싫어한다.

이와 반대로 손에 잔금이 많은 사람은 성격이 섬세하고 감수성이 매우 강하며 걱정이 많아 신중하고 냉정한 유형이다. 이런 사람은 결단성이 부족하다.

1) 세로선의 잔금이 많은 것 — 세로선은 대체로 행운선이다. 손목은 대지를, 손가락 끝은 하늘을 나타낸다. 그러므로 세로선은 곧 대지에서 하늘로 상승한다는 뜻으로 성공의 기회가 있음을 나타내는 것이다.

2) 가로선의 잔금이 많은 것 ― 가로선은 승천하는 힘(운수)을 가로
   막는 선으로서 대체로 반면의 운수를 나타낸다. 만약 줄곧 소극
   적인, 그리고 불평에 차 있다면 이 가로선 잔금이 점점 더 늘어날
   것이다. 각별히 주의해야 한다.

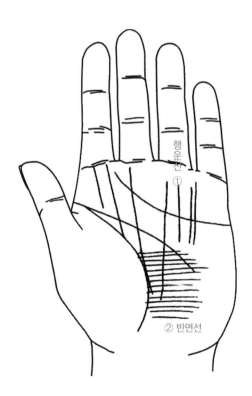

① 상승운행선
② 반면선

운수의 좋고
나쁨은 무엇으로
결정되는가 ?

●

역자를 찾아 손금을 보러 오는 사람들은 가장 먼저 '손금이 좋은가, 나쁜가?' 라고 묻는다. 물론 독자 여러분도 마찬가지일 것이다.

성급하게 "선생님, 저의 손금이 나쁩니까?" 라고 묻고는 빨리 결과를 말해 달라는 듯이 내 얼굴을 빤히 올려다보는 사람들에게 나는 이렇게 말한다.

"손금은 지금 당신 자신의 마음을 말해 줄 뿐입니다. 만약 마음이 변하면 손금도 변하고 운수도 변합니다. 손금은 단지 당신이 행복을 파악할 수 있는 계기를 만들어 줄 뿐입니다. 그렇기 때문에 손금을 보기 전에 먼저 자신의 마음부터 살펴보십시오."

사실 손금을 볼 때는 손의 잔금 이외에도 손의 형상, 색깔, 손가락의 형상, 지문 등도 보아야 하고 손바닥의 구와 함께 종합적으로 판단을 내리는 것이다. 그렇기 때문에 생명선이 굵고 뚜렷하여 운수가 좋아 보이지만 만약 건강선에 장애선이 생겼다면 나는 그에게 이런 충고를 해 준다.

"지나친 피로로 인해 신체가 쇠약하고 내장에 이상이 생깁니다. 어떤 일이든지 자신감을 가지는 것은 매우 중요한 일입니다. 그러나 과신하지는 마십시오."

그러므로 손금이 좋고 나쁜가에 대해 급한 판단을 내리려 하지 마라. 설사 흉한 손금이 생겼다 하더라도 좋은 충고라 생각하고 적극적인 태도를 취해야 한다.

손에 표현되는
기타 상징들

●

손금에는 기본선 이외에도 많은 상징이 있다. 이미 살펴본 기본선 외에 아래에 열거하는 일곱 가지 상징도 그 사람의 독특한 성격을 보여준다.

1) **격자 무늬** — 주로 금성구에 나타나서 감정이 풍부함을 나타낸다. 만약 금성구 이외의 부위에 생겼다면 그 부위가 나타내는 운수를 약화시킨다.

2) **별 무늬** — 대길할 운수로 그림은 행복한 결혼을 나타낸다.

3) **지선** — 운수가 매우 광범위함을 암시한다. 부업으로 성공한다. 또는 가정을 꾸려 이전보다 더 큰 실력을 갖게 된다.

4) **섬 무늬** — 선에 섬 무늬가 생기면 그 선의 역량을 약화시킨다. 그림에 있는 섬 무늬는 대단히 큰 것으로 중병에 걸릴 위험이 있다.

5) 신비한 ┼자 — 불가사의한 십자라고도 부른다. 흉조는 아니다.
그림의 신비한 십자는 음덕 있는 가족의 손에 의해 생긴다.

6) 이중선 — 기본선 곁에 생기는 곁선인데 기본선이 나타내는 운수를
강화해 준다.

7) 쇠사슬 무늬 — 그 선이 나타내는 의미를 약화시킨다. 감정선에
생긴 곁선은 온유함을 나타낸다.

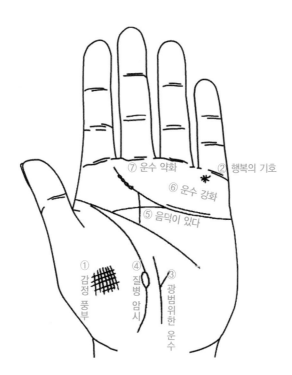

어떤 손을 봐야
하는가?

●

거울을 통해 자신의 얼굴을 유심히 살펴보라. 왼쪽 얼굴을 좋아하는가? 오른쪽 얼굴을 좋아하는가? 어떤 사람은 오른쪽 얼굴을 좋아하고 또 어떤 사람은 왼쪽 얼굴을 좋아할 것이다. 여기서 한 가지 명확히 할 것은 좌우 얼굴이 절대로 똑같지 않다는 것이다. 마찬가지로 오른손과 왼손의 손금은 종종 큰 차이가 나며 때로는 완전히 변하지 않는다.

그럼 손금을 볼 때 어떤 손을 봐야 하는가? 이 질문에 대하여 수많은 설(說)이 있지만 반드시 두 손을 함께 관찰해야 한다는 것이 나의 결론이다. 두 손을 모두 관찰하고 나서야 종합적인 판단을 내릴 수 있다.

왜냐하면 왼손은 선천적인 특성을 표시하고 오른손은 후천적인 특성을 나타낸다. 각자가 부동한 의미를 갖고 있다.

왼손은 타고난 재능, 성격, 운명 등을 보여 주며 오른손은 그가 노력하여 개척한 재능, 성격 등을 보여 준다. 부동한 의미를 포함하고 있기 때문에 양손을 다 자세히 관찰한 다음에 판단을 내리는 것이 매우 중요하다.

같은 선일지라도 남녀의 의미가 다르다

여러분도 데릴사위라는 말을 들어보았을 것이다. 그런데 나의 친구 중에 이런 사람이 한 명 있었다. 그는 대저택의 외동딸과 결혼을 한 후 처가에 가서 살기 시작했다. 결혼하기 전에 내가 그의 손금을 보아준 적이 있다. 운명선이 월구에서 상승하였고 32살 때 그 점에서 개운선이 나 있었다.

그리하여 나는 그에게 다음과 같이 알려주었다.

"2년 후 좋은 일이 생긴다. 재운도 역시 매우 강하다!"

결국 내 말은 적중했다.

그의 운명선은 남자로 보면 약간 섬세하고 힘이 없었지만 재운선과 개운선이 나타나면서 행운을 가져다 주었다. 총체적으로 그의 손에는 잔금이 많아 온화하고 여성적이었다.

그 후 그의 부인을 만났는데 그녀의 손금을 보니 두 사람의 손금이 완전히 반대였다. 부인의 운명선은 굵고 곧았으며 손목에서부터 중지를 향해 곧게 뻗어 올라갔다. 비록 그녀의 외모는 온유했지만 내심은 아주 건강했고 활기가 넘쳐흘렀다.

그녀는 남성적인 견강운을 갖고 있었다. 아마 가정 내에서는 남편이 아내에게 매우 순종할 것이라고 생각한다.

이처럼 굵은 운명선이 남자에게는 길상(吉相)으로서 재주 있고 열심히 일함을 나타내지만, 여자에게는 곧 여자가 집주인이 되고 여성 다운 맛이 부족함을 의미한다. 여성으로 말하면 운이 너무도 강한 것이다.

반대로 손에 잔금이 많은 여성은 남편을 자상하게 돌보며 온유하고 여성적인 맛이 넘치는 길상이지만 남성의 손에 잔금이 많으면 온유하기는 하지만 섬세하고 신경질적이어서 힘이 없어 남성적 매력을 잃고 만다.

큰 손과 작은 손의
다른 점

●

손금을 볼 때면 손이 굉장히 크거나 또는 유난히 작은 사람을 만나곤 한다. 여기서 손이 크거나 작다는 말은 그의 체격에 비해서 크거나 작다는 뜻이다.

신체와 비교하여 손이 큰 사람은 매우 신중하며 신경질적인 유형이다. 즉, 매우 조심스런 사람이고 타인을 배려할 줄 알며 동료나 벗들과 절대로 다투지 않는다. 안심하고 사업을 맡길 수 있는 사람이다.

반대로 손이 아주 작은 사람은 결단성이 강하고 대담하며 두뇌가 영민하고 행동이 빨라 맡은 일을 민첩하게 해낸다. 정치가나 기업체의 사장이 대부분 작은 손을 가지고 있다.

그런데 이런 사람들은 감정적으로 일처리를 하기 때문에 일이 세밀하지 못하다. 그러므로 주위 사람들의 의견을 들어보고 행동을 취하는 것도 좋다.

손의 색깔로 보는 성격과 운수

위장이 약하고 식욕이 부진한 사람은 얼굴이 창백하며, 과도한 음주와 간장 공능이 쇠약한 사람의 얼굴색은 새까맣다. 한 사람의 건강 상태는 얼굴의 색깔과 윤기로 알아낼 수 있다. 마찬가지로 손의 색깔을 관찰하여 그 사람의 신체 상황뿐만 아니라 그의 성격과 운수도 알아낼 수 있다.

1) **분홍색 손** — 연분홍색을 띠며 윤기 있는 손은 심신이 매우 건강하고 운수도 대단히 좋다. 성격이 명랑하여 주위 사람들의 사랑을 받는다.

2) **창백한 손** — 손에 핏줄이 두드러져 창백한 손은 소화기 계통이 허약함을 나타낸다. 또 신경질적이고 자기 번뇌에 빠져든다. 평상시에 위장 보양을 잘 해야 한다.

3) 붉은 색 손 — 고혈압이나 심장병자의 손이 종종 이런 색깔을 띤다. 충동적이고 화를 잘 내는 습관을 꼭 고쳐야 한다.

4) 누런색 손 — 간장에 신경을 써야 한다. 성격이 시원스럽지 못 하다.

5) 흰색 손 — 대부분 신경질적이고 빈혈이 있다.

6) 담흑색 손 — 간장 계통에 이상이 있다. 성격이 소극적이며 내향적이다.

손가락의 길이로 보는 성격

●

저자의 경험에 의하면 손가락의 길이가 그 사람의 성격이나 재능, 운수를 판단하는데 매우 큰 도움이 된다.

일반적으로 손가락이 긴 사람은 대부분 섬세하고 매우 민감하다. 타인이 자신의 자존심을 상하게 하는 것을 매우 싫어하고 타인과 만나는 것을 꺼리며 언제나 냉담하다. 그러나 로맨틱한 면도 있다. 비교적 신경질적이기 때문에 정밀한 수공예 혹은 예술 직종에 종사하는 사람이 이런 손을 가지고 있다. 이밖에 손가락이 긴 여성은 매우 아름답고 단정해 보이지만 정서의 기복이 심하며 때로는 히스테리 상태에 잘 빠져든다.

손가락이 짧은 사람은 민첩하며 현실적인 행동파이다. 그러나 종종 모든 일을 다 사무적으로 취급하여 인정미가 없다. 이런 사람은 무능한 것이 아니라 손가락이 긴 사람에 비하여 정밀한 수공예 작업에 능숙하지 못하다. 때문에 영업이나 세일즈에 매우 적합하다.

손톱의 흰 점은
행운의 표시

●

한 사람의 행운의 표시는 손금에만 나타나는 것이 아니라 손톱에도 나타난다. 예로부터 '밤에 손톱을 자르면 귀신이 잡아간다.'는 속담이 있지만 손톱에도 역시 행운의 표시가 나타날 때가 있다.

손톱에 백색 반점이 나타나면 특별히 '행운의 상징'이라 한다. 그런데 한두 개의 백색 반점은 확실히 행운의 표시이지만 무수히 많은 반점이 나타나면 정신적으로나 육체적으로 피로가 한계에 도달한 것을 나타내므로 꼭 주의해야 한다.

반점이 손톱에 나타남에 따라 행운의 의미를 나타낸다. 엄지손가락 손톱에 반점이 생겼으면 애인이 나타날 표시로써 애정에 관련된 행운이고, 식지는 사업 방면의 행운, 중지는 여행 방면의 행운, 무명지는 금전, 명성, 배우자 방면의 행운이며, 새끼손가락은 부동산이나 자녀 방면의 행운을 나타낸다.

이런 반점이 생겼다가 사라지는 기간은 대략 4개월이다. 이 기간을 그 사람의 '행운기'라고 한다.

9장

손금으로 사람을
판단한다

오른손이 중요하며, 3대선을 중심으로 관찰해야한다

손금도 얼굴형과 마찬가지로 시시각각 변하고 있다. 그러므로 변화하고 있는 손금을 완전히 파악한다는 것은 매우 어려운 일이다. 때문에 항상 손금을 살펴보아야 한다.

앞에서 언급했으므로 여러분은 이미 손금에 대한 상식을 알고 있을 것이다. 왼손은 한 사람의 전생을 나타내고 오른손은 후생을 나타낸다는 것을 말이다. 그러므로 손금을 볼 때 왼손을 참고로 할 수 있을 것이다.

수상에서 중요한 것들을 다시 한 번 되새겨 보자.

손금을 볼 때 중점적으로 관찰해야 하는 것은 생명선, 지혜선, 감정선, 이 3대 선이다. 생명선은 엄지손가락 밑에 있는 금성구의 둘레를 에워싸는 선이다. 지혜선은 식지 아래 생명선 가까이에서 출발하여 손목으로 향한 가로선(혹은 사선)이다. 감정선은 지혜선 위 새끼손가락 쪽에서 시작하여 중지나 식지의 방향으로 뻗어나간 선이다.

그러면 이제부터 이 3대 선을 살펴보도록 하자.

생명선 옆에 또 한 줄의 보조선이 있는 사람

생명력이 매우 강하다.

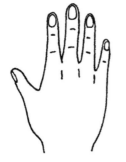

손톱이 긴 사람

섬세하고 몸이 약하다.
호흡기가 약하다.
체질이 허약하고 얌전하다.

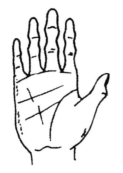

손가락이 구불구불한 사람

고집불통이며 일처리를 대충대충하지만
분석력이 뛰어나다.
범속(凡俗)을 초월한 정신 상태.

손가락이 모가 난 사람

모든 물건을 잘 활용한다.
모든 일을 남에게 맡기고 자기는
손가락 하나 까딱하지 않는다.

손이 큰 사람

정력이 왕성하고 활기가 있다.
활동적이며 도량이 좁고 섬세하다.

감정선이 두 갈래로 갈라진 사람

극적인 해후 상봉과 운명적인 이별을
겪게 된다.

감정선이 중지 밑에서 멈춰버린 사람

이기적이다.

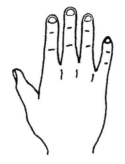

손톱이 궁형인 사람

침착하다.

손가락이 섬세한 사람

열정적이다.
화려한 물건을 좋아한다.
쉽게 흥분한다.

손이 작은 사람

지도자 기질이 있다.
항상 타인에 의해 움직인다.
지구력이 있다.
이론을 중요시한다.

운명선이 생명선과 이어진 사람

부단히 노력해야 성공한다.

감정선이 무명지 밑에서 멈춰버린 사람

제멋대로 행동한다.
누구의 말도 잘 듣지 않는다.

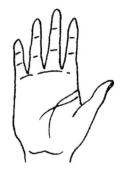

지혜선이 생명선과 만난 사람

겁이 많다.
신경질적이고 둔하며 굼뜨다.

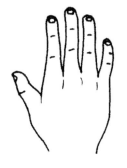

손톱이 짧은 사람

평생 동안 매우 건강하다.
경솔하다.
참견하기를 좋아한다.
뛰어난 평론가이다.

손가락이 둥근 사람

예술적 자질이 있다.
생활이 우아하다.

손가락이 원추형인 사람

상상력이 풍부하다.
미(美)에 민감하며 미적 사물을 좋아한다.
동정심이 많다.
이해력이 뛰어나고 언변이 좋다.
사람들의 시선을 끈다.

운명선이 지혜선에서 시작된 사람

35세부터 운이 트여 중대한 직무를 맡게
된다.

지혜선이 쇠사슬 모양인 사람

장(腸) 기능이 좋지 못하고 온종일 정신 집
중이 되지 않는다.

생명선에 지선이 여러 줄 있는 사람

위를 향한 지선은 승진할 운을 나타낸다.

손가락 뿌리가 아주 굵은 사람

자신의 행복부터 먼저 걱정한다.
온종일 남과 다툰다.
신경질적이다.

손이 부드러운 사람

감성이 풍부하다.
안락을 즐긴다.
상상력이 풍부하다.
분위기를 잘 조성한다.
교제가이다.

운명선이 중단된 사람

중단된 곳(시기)에서 다른 사람에게
모함을 당한다.

감정선이 식지와 중지 사이까지
연장된 사람

질투심이 강하고 남의 일에 참견을
잘한다.

지혜선이 도중에 두 줄로 갈라진 사람

두 가지의 특수한 재능을 갖고 있다.

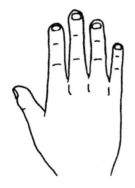

손톱이 네모꼴인 사람

어리석고 완고하여 융통성이 없다.

손이 단단한 사람

재주가 있다.
항상 일선에서 활약한다.
체력이 좋다.
세속적인 명성보다 돈에 더 흥미를 갖는다.

운명선이 끊어진 사람

중단된 곳(시기)에서 생활 조건이나 직업에
변화가 생긴다.

감정선이 식지 뿌리까지 연장된 사람

이상주의자이며 목적을 달성할 때까지
앞으로 전진한다.

지혜선의 끝이 세 가닥인 사람

세 가지 방면에서 재능을 발휘할 수 있다.

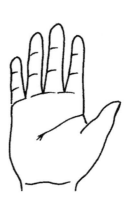

손이 두툼한 사람

자기 중심적이다.
다른 사람의 행복은 염두에 두시 않는다.

운명선이 생명선과 교차된 사람

대략 교차된 곳에서 사업 때문에 건강을
해치게 된다

감정선에 지선이 가득한 사람

새것을 보면 마음이 쉽게 변하고 어휘가
풍부하며 말이 많다.

감정선이 지혜선과 겹친 사람

끝까지 변함없는 열정가이다.

감정선이 매우 긴 사람

감정이 매우 풍부하다.
남녀 문제에서 질투를 잘 한다.

손가락이 매우 긴 사람

성품이 정신세계에 비교적 근접하였다.
종교가에 적합한 사람이다.

생명선이 희미하고 끊어진 사람

앞길이 암담하고 모든 일이 불안할 때
생명을 마치게 될 것이다.

손이 국자 모양인 사람

정력이 왕성하다.
한가한 생활을 싫어하여 항상 움직인다.
낡은 틀에 얽매이는 것을 혐오한다.
자기에게 알맞는 직업을 선택할 줄 안다.

감정선이 일정한 곳에서 중단된 사람

선이 중단된 곳에서 이혼을 한다.
애정에 있어서 연속적으로 문제가
발생한다.

감정선이 매우 짧은 사람

평범한 생활을 즐긴다.
제멋대로 행동하며 냉혹하다.

생명선이 쇠사슬 모양인 사람

몸이 쇠약하여 늘 병에 시달린다.

손가락이 매우 짧은 사람

정신적인 노동보다 육체적인 노동을
더 잘한다.

손이 얄팍한 사람

타인의 입장에서 생각할 줄 안다.
타인의 권리를 존중한다.
오성(悟性)이 높다.
지혜가 뛰어나다.

감정선이 지혜선과 교차된 사람

신경질적이다.
감정이 섬세하고 쉽게 손상당한다.

감정선이 쇠사슬 모양인 사람

입이 가볍다.
웅변가이다.
거짓말을 잘 한다.

두 개의 평행된 지혜선을 가진 사람

현실과 환상을 잘 조화시키고 이해한다.

생명선이 두 줄로 갈라진 사람

갈라진 곳에서 여행을 떠나거나 중병이
한 번 걸릴 수 있다.

손가락 뿌리가 매우 가는 사람

타인의 권리와 감정을 매우 존중해 준다.
총명하다.

손이 섬세한 사람

미에 대한 동경이 대단하다. 열심히 이상을
추구한다. 자주 공상한다. 저죽을 싫어
한다. 차분히 연구를 하지 못한다. 직감이
예민하다. 뛰어난 능력을 갖고 있다.

운명선이 감정선에서 시작된 사람

56세부터 생활이 편안해지지만 계속 노력
해야만 수확이 있다.

지혜선 앞끝이 드리운 사람

재능이 매우 뛰어나다.

지혜선 기점이 생명선에서 멀리 떨어진 사람

대담하다.
파란만장한 삶을 산다.

손톱이 대단히 작은 사람

건강하다.
사소한 일에도 잘 구속된다.
신경질적이다.

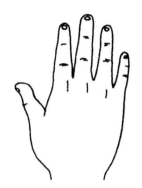

손잔금이 섬세한 사람

감수성이 예민하다.
타인 성격을 감지해 내는 재주가 있다.
미(美)를 사랑한다.

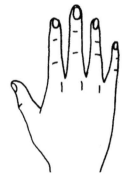

손 밑이 사방형인 사람

빈틈이 없다. 굳은 위지를 갖고 있다. 정돈,
기획력이 있다. 규율 있는 생활에 적합하다.
이지적이며 언어에 신중한다. 사업에 능숙
하며 아첨할 줄을 모른다. 돈 버는 재능이
있다. 보수적이다.

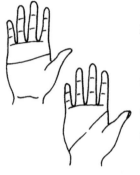

지혜선이 손을 가로지른 사람

만약 가로선이면 수학적인 재능이 있으며 사선이라면 창조력과 철학적인 기질이 풍부하다.

지혜선이 끊어진 사람

일을 건성건성한다.
태도가 애매하다.

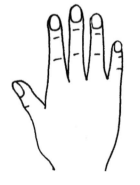

손톱이 매우 큰 사람

생기가 있다.
지도자 기질이 있다.
성품이 극렬하다.

손 잔금이 많은 사람

여러 방면에서 활약한다.
역경을 두려워하지 않는다.

액(厄)때움 비기(秘記)

●

1. 사업이 부진 할 때

붓, 경명주사(한약재의 일종으로 극약임, 건재상에 팝니다. 부적 작성할 때 분말로 하여 쓰임)분말, 참기름이나 식용유, 가로 15Cm 세로 20Cm의 한지韓紙, 편지봉투를 준비합니다.

생기법으로 택일을 하여 택일한 날에 경명주사를 기름에 잘 개어서 붓으로 한지에 사업자등록증 명의자의 성명, 생년월일, 사업장 주소를 적고 "천객만래千客萬來"라는 글을 한자漢字로 함께 적어서 잘 접은 다음 편지봉투에 넣어 돈 통(금전등록기나 현금보관함 등)에 잘 보관하면 됩니다.

2. 두 사람 사이를 떼어 놓을 때

좋아해서는 안 될 두 사람이 있다면, 두 사람 중 한 사람의 입었던 속옷에 펜으로 사주 당사자의 생년월일시, 주소를 적고 "인사만리 속거천리人事萬里 速去千里"를 쓰시고 (삼재가 든 경우 본인) 삼재부적과 함께 인연을 끊는 부적을 비방으로 합니다. 방책을 하여 불에 태우는 경우도 있으나 이 경우 절대 불에 태우지 말고 물에 떠내려 보내야 합니다. 사주 당사자의 마음을 멀어지게 하는 의미가 있는 것입니다.

3. 부부가 화목하기를 원할 때

애정부를 2장 작성하여 부부의 각자 베갯속에 넣고, 부부의 각자 속옷을 준비하여 부부가 서로 속옷을 바꿔 입고 하룻밤을 잡니다. 그리고 입었던 속을 벗어 태웁니다. 베갯속에 넣은 애정부는 부부가 마음이 동하여 합궁한 연후 다음날 태워버립니다.

4. 송사訟事가 있을 때

이길 승勝자를 괴황지槐黃紙나 한지韓紙에 써서 몸에 지니고 법정에 나가시면 효험을 볼 수 있습니다. 어떠한 송사訟事이든 적용할 수 있는 비방인데, 특히 삼재 때에 사용하면 효과를 볼 수 있습니다.

5. 여행 중 마음이 편치 않을 때

여행 중 마음이 편치 않은 이유는 많겠지만 쓸데 없는 걱정이나 잡념雜念이 대부분일 것입니다. 이럴 때에는 마음속으로 "관세음보살" 외웁니다. 그리하면 잡념이 살아질 것입니다.

6. 흉몽에 시달릴 때

흉몽에 시달릴 때는 악몽퇴치부惡夢退治符를 베게 속에 넣고 잔다든지, 고춧가루를 컵이나 작은 종지에 담아 잠자는 방 네 귀퉁이에 놓고 자면 효과를 볼 수 있습니다. 꿈속에서 '관세음보살'을 찾는 것도 악몽을 퇴치하는 좋은 비법이 됩니다.(꿈속에서도 의식이 있는 경우에 사용)

7. 자신의 바람기를 막고자 할 때

삼재가 든 경우 본인 삼재 부적을 침실 방문위에 붙이고, 황토흙 속에 도화살桃花殺 막는 부적(=마음안정부를 쓴다)을 넣어 침대 밑이나 화장대 속에 넣어둡니다. 그런 연후 삼재가 끝날까지 천수경을 매일 독송하면 그 효과는 확실할 것입니다.

8. 환각, 환청 등에 시달릴 때

소지종이, 팥 시루떡, 초, 향, 돼지머리 삶은 것이나 돼지 살코기 3근, 북어 한 마리, 3가지의 삼색나물(각각 3가지 색깔을 낼 수 있는 나물), 삼색과일(배, 대추, 감), 약주 3병을 준비하여 상에 종이를 깔고 정성스럽게 제단을 차려 놓습니다. 초에 불을 붙인 다음, 향 3개에 불을 붙여 꽂습니다. 그리고 동서남북으로 한 번씩 절을 하고 제단에 3번 절을 올립니다.

준비한 소지종이에 당주當主(삼재가 든 경우 본인)의 주소와 생년월일시를 적어 놓고 "대수대명大壽大命"이라는 글귀를 함께 써 넣습니다. 다음 천수경을 독송하고, 부정경을 독송합니다. 부정경을 독송할 때, 글이 적혀 있는 소지종이를 태웁니다.

9. 교통사고가 염려될 때

교통사고방지 부적(사고예방부)은 두 장을 작성하여 한 장은 몸에 지니고 나머지 한 장은 반드시 차안에 비치하여야 합니다. 교통사고수에 대하여 아주 걱정이 심한 경우는 차 고사를 지내도 좋은데, 이미 차를 구입할 당시 차 고사를 지냈다면 안하셔도 무방하지만, 고사를 지내지 않았다면 북어 1마리, 무명실 1 타래, 팥 시루떡, 막걸리, 삼색나물, 삼색과일, 삶은 돼지머리를 준비하여 상차림을 정성스럽게 하신 후 고사를 지내고, 막걸리를 차의 네 바퀴에 뿌려주시면 됩니다. 그리고 북어에 무명실을 감아 투명하고 깨끗한 비닐봉투에 넣어 차안의 본인이 놓고 싶은 곳에 놓아두시면 됩니다.

10. 배나 비행기를 타는 일이 잦아 불안 할 때

민물고기 중에서 잉어를 선택하여 제일 큰놈으로 3마리를 강에 방생

(放生)하고, 동쪽으로 뻗은 복숭아 나뭇가지를 3센티 정도로 잘라서 (삼재가 든 경우 본인)삼재부적에 싸아, 사고 예방 부적과 함께 몸에 지니고 있으면 효과를 볼 수 있습니다. 다른 방법으로는 달걀에 삼재가 해당된 사람의 남녀구별, 주소, 성명, 생년월일시를 음력이나 양력으로 정확하게 적어서 바위에 던져 깨뜨립니다.

11. 새집으로 이사 할 때

팥 시루떡을 하여 고사를 지내도 되지만, 마른 쑥을 구하여(불교 만물상에 팝니다) 쇠로 된 양푼이나 양동이에 넣고 태웁니다. 연기가 나기 시작하면 집안 구석구석을 양푼을 들고 다니며 둘러냅니다. 남이 살았던 집도 마찬가지의 방법으로 행합니다.

12. 부득이 흉한 방위 쪽으로 이사할 경우

보통 다리를 건너거나 바다를 건너가면 잡귀나 액운이 따라오지 못한다고 합니다. 그러나 이런 여건이 되질 않는 경우, 현재 살고 있는 집에서 볼 때 이사할 집은 흉 방이지만, 다른 곳에서 볼 때 이사할 집은 길 방이 되는 경우, 이삿짐을 싣고 그 다른 곳을 선택하여 하룻밤을 묵을 친척집이나 친구 집이 있으면 거기서 하룻밤을 묵고 이사할 집으로 들어가고, 묵을 만한 집이 없을 경우는 여관에서 묵는 것도 무방합니다. 이삿짐이 길 방향에서 하룻밤 묵고 들어가는 것입니다. 다른 방법으로는 사용하는 밥솥이나 전기밥솥을 따로 챙겨서 이삿짐을 모두 정리한 후 제일 마지막에 밥솥을 새로 이사하는 집에 들여 놓는 방법도 있습니다. 밥솥대신 요강을 이용하는 경우도 있습니다.

※ 출처 (삼재 소멸 및 예방법 / 저자 : 도담)]